CONVERSACIÓN POLIFÓNICA SOBRE DISEÑO Y OTRAS COSAS

RETRATO IMPERFECTO DE CURRO CLARET

Curro Claret con Valerio
en el taller de Arrels Fundació.

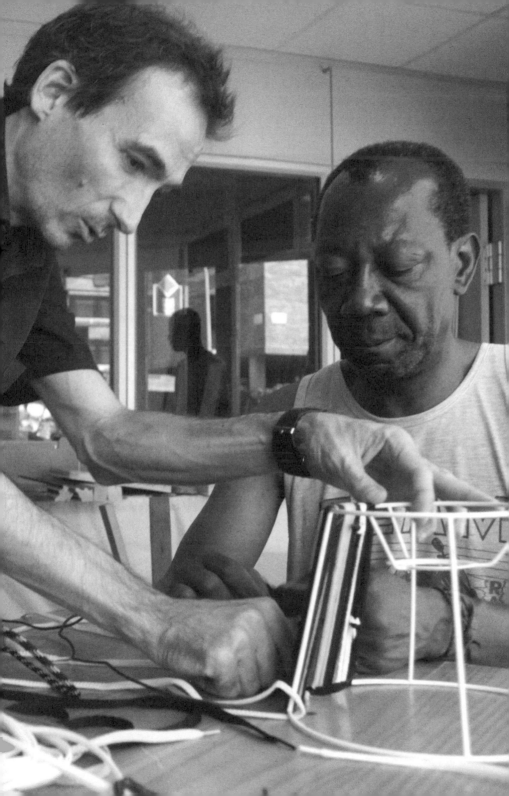

Publicado originalmente por Camper (1ª edición) y reedición para Palo Alto Market (2ª edición), bajo la dirección editorial de Ramón Úbeda.

Título original: *Retrato imperfecto de Curro Claret. Conversación polifónica sobre diseño y otras cosas.*

Texto
Oscar Guayabero

Voces
Andreu Balius, David Bestué, Daniel Blanco, Anna Calvera, Isabel Campi, Juli Capella, Toni Estrany, Jesús Martínez Clarà, Luis Morón, Àngels de la Mota, Javier Peñafiel, Glòria Pou, Álvaro Sobrino

Arrels Fundació
Fundación San Martín de Porres

Agradecimientos
Gustav Schörghofer SJ

Tipografía de la portada desarrollada por Arrels Fundació y la agencia The Cyranos McCann. www.homelessfonts.org

Diseño de la cubierta
Ramón Úbeda

Diseño gráfico y maquetación
Irene Sierra, Beatriz Hernández

Fotografías
Eugeni Aguiló, Clara Balmanya, Nathalie Danton, Eva González, Yohann Gozard, Juan Lemus, Carlos Luna, Jacqueline Molnár, Xavier Padrós, Eduard Puertas, Sánchez y Montoro, Israel Terrones, Wolfgang Woessner, Max Young

Printed in Spain
ISBN: 978-84-252-2895-7
Depósito legal: B. 5.239-2016
Impresión: agpograf impressors, Barcelona

Editorial Gustavo Gili, SL
Via Laietana 47, 2ª
08003 Barcelona, España.
Tel. (+34) 933228161

Valle de Bravo 21
53050 Naucalpan, México.
Tel. (+52) 5555606011

CONTENIDO

Nota del editor

La primera edición de este libro se publicó en el año 2014 con el auspicio de Camper y bajo la dirección editorial de Ramón Úbeda. Se trataba de una edición no venal de la que se realizó una tirada de 300 ejemplares, subrayada por el propio Curro Claret. Cuando tuvimos la fortuna de que Camper, a través de Oscar, Ramón y Curro nos propusieran recoger el testigo de la edición, nos pareció que era necesario hacer llegar a un público ampliado tanto el trabajo y la trayectoria de Curro Claret como las cuestiones, fundamentales y sustanciales, en torno al papel actual del diseño en su contexto social que aquí se reúnen.

Si hay un tándem inmejorable para ayudarnos a pensar sobre la incidencia del diseño y la producción de objetos en nuestras formas de relación económica y social, ese es el que forman el trabajo de Curro Claret y la crítica de Oscar Guayabero. Juntos han invitado –o más bien podemos decir enredado– a un gran elenco de figuras renombradas de los entornos del arte y el diseño (encontraréis la lista completa en la página 17) para conversar sobre los temas más urgentes que atañen al diseño hoy: las relaciones sociales que se expresan a través de los objetos, la identidad, el valor, el uso, la producción, la reutilización, los modelos de consumo, la responsabilidad y, por supuesto, el amor.

PRÓLOGO

Por Ramón Úbeda

Resulta difícil adivinar cuál será la evolución futura de Curro Claret. Porque alguien que recicla las cajas de zapatos en zapateros, o las páginas de una revista usada para fabricar un bolígrafo, como quien lía un cigarrillo, no es buen negocio para la industria. Tampoco es este creador barcelonés un ejemplo de autopromoción profesional. Todo lo contrario, es la antítesis de la típica imagen estirada del diseñador, a pesar de haberse formado en escuelas tan refinadas como la Elisava de Barcelona y el St. Martins de Londres. Tiene alma de *homeless* y una debilidad innata por hacer cosas con lo que se encuentra.

Reutilizar mejor que reciclar es su lema. Le interesan el papel, el cartón y otros materiales accesibles que no necesiten de una compleja transformación industrial. Para hacer un zapatero basta con la caja de los zapatos y una varilla de hierro convenientemente doblada que servirá para apoyar el zapato mientras lo limpiamos y de paso como asa para transportar la caja. Si necesita un bolígrafo, arranca una hoja de una revista o de un catálogo usado y la enrolla alrededor del cartucho de tinta. Le gusta la participación del usuario en la definición de los objetos y la estética casual que surge de esa participación. El bolígrafo será diferente si lo hacemos con la página de una revista del corazón o con la de un catálogo de ferretería.

En cualquier caso Curro Claret prescinde del adorno como añadido. A lo sumo tratará con un acabado de pizarra una de las caras de una caja de almacenaje, para escribir o dibujar sobre ella lo que se guarda en su interior. Si alguien le encarga

el diseño de un frutero, resolverá la estructura con cuatro vari-
llas y reutilizará la misma malla que sirve para transportar las
naranjas desde el supermercado. Sería bueno que el talento
de este diseñador, tan fresco como esas naranjas, encontrase
su lugar dentro de nuestra cultura industrial. Y que los demás
sepamos que esta profesión también tiene una cara humilde
que puede ser tan brillante como las demás.

Los párrafos anteriores los escribí en 2002 para el libro *Spoon*
editado por Phaidon. La publicación recogía una selección
de jóvenes y talentosos diseñadores que se estaban perfilando
para ser importantes en el futuro. Y ahí estaba Curro, entre los
entonces emergentes hermanos Bouroullec, Campana Brothers,
Konstantin Grcic, Alfredo Häberli, Hella Jongerius, Marc
Newson, Kazuyo Sejima, Marcel Wanders o Tokujin Yoshioka.
Sin haber producido apenas obra pero con una actitud singular,
aparentemente naif, cargada de sentido. Han pasado muchos
años desde entonces y Curro sigue igual, en su órbita particular,
a años luz del éxito de sus colegas, defendiendo con el mismo
optimismo sus ideas a contracorriente.

Hoy tiene más proyectos en su haber y algún reconocimiento
notable, el Premi Ciutat de Barcelona, que le ha concedido la
ciudad donde nació en 1968. Entre esos proyectos están las
dos tiendas que ha realizado para Camper. Forman parte del
concepto *Together* que la marca ha desarrollado en los últimos
años, donde caben todos los estilos y diferentes maneras de
pensar. Las que firma Curro nacieron de la idea poco original
de hacer un proyecto con materiales reciclados, pero han ido
mucho más allá. Son un modelo de colaboración gracias a la
complicidad de Arrels Fundació en Barcelona y de la Fundación
San Martín de Porres en Madrid.

Esas tiendas han sido la excusa para editar este libro. Y en este libro, entre otras muchas cosas más importantes, se cuenta su pequeña historia. Lo ha escrito Oscar Guayabero, que pertenece a la misma generación de Curro y conoce bien su obra, también la que es intangible. Las fotos están al final y solo a modo de referencia porque el fin era destilar su pensamiento. No es un retrato perfecto pero sí creemos que oportuno, porque Curro pertenece a una clase de diseñadores que si no existiera habría que inventarla. Puede que incluso sea el único en su especie. El "santo ignoto" del diseño español, como lo define Juli Capella. Porque no es fácil encontrar a alguien tan empeñado en demostrar que el diseño puede tener también un fin de carácter social y haya dedicado toda su vida a ello.

INTRODUCCIÓN

Por Oscar Guayabero

Esta pequeña introducción tiene dos partes: primero explicaré cómo se construyó el libro y cómo se puede leer, después intentaré narrar, espero que sin demasiada vehemencia, mi experiencia al confeccionar el libro.

Manual de uso

El libro se ha generado a partir de múltiples conversaciones, algunas entre Curro Claret y yo mismo y otras con una amplia variedad de personas. Hemos evitado conscientemente hablar con colegas de profesión, porque no queríamos que fuera un libro "sobre diseño", sino un libro de ideas, dudas, experiencias, contradicciones y pensamientos que se han expresado a partir del lenguaje del diseño. Curro quería que no fuera un libro para diseñadores, aunque estos creo que lo disfrutarán.

Así, a partir de estas charlas, han ido saliendo una serie de temas que poco o mucho se iban repitiendo. Una vez detectados estos temas comunes y a partir de la propia estructura de la web de Curro Claret hemos establecido unos capítulos:

Caca. Toca hablar de mí mismo.
"La pieza". Respecto a eso del diseño.
Compartir. Un nuevo modelo de consumo.
Proyectos muy difíciles. Trabajar en la contradicción.
Acciones. Qué hacer hoy y aquí.
Amor. Diseño y empatía.
Camper. Experiencia Barcelona-Madrid.

Las conversaciones se han deconstruido para generar unas nuevas charlas (virtuales), uniendo las voces y reordenándolas en función de las ideas que expresan. Finalmente, tenemos siete conversaciones polifónicas que se solapan, puntúan, iteran, matizan o contradicen sin otra intención que generar un texto fluido, donde las ideas están más presentes que quien las expresa y donde con la excusa de Curro y su trabajo se abordan temas que nos afectan a todos.

Y eso es básicamente el libro, no un manifiesto cerrado, ni un decálogo. Son solo opiniones, ideas y charlas enlazadas.

Al mismo tiempo, hay unos pequeños pies de página para reseñar personajes o conceptos propios del diseño. Están por si alguien no los conoce y siente curiosidad. Para los lectores avezados les parecerá retórico, pero, repetimos, este no es un libro para diseñadores, o mejor dicho, no es un libro solo para diseñadores.

Hacer un libro sobre Curro

Cuando Ramón Úbeda, en nombre de Camper, me propuso coordinar este libro sobre Curro Claret, su trabajo y su experiencia en el proyecto de dos tiendas Camper, una en Barcelona y otra en Madrid, pensé en la buena idea que había tenido. No de encargármelo a mí, sino de intentar poner en negro sobre blanco el pensamiento y el método de Curro. Nos conocemos desde hace muchos años, hemos crecido juntos como profesionales en un campo similar, yo he derivado hacia la teoría mientras él se ha centrado en la praxis. Sin embargo, siempre he tenido la sospecha de que detrás de su trabajo había tanta o más teoría que en mis textos o mis comisariados. Una vez concluido el trabajo, puedo afirmar que esa sospecha era correcta. No obstante, hay algo que supera la capacidad, el rigor y los referentes con los que trabaja Curro Claret: su actitud. Es muy interesante cómo Curro consigue tejer una red de complicidades y amistades mezclando sin solución de continuidad alta y baja cultura, detalles entrañables y respeto. Durante las entrevistas, a menudo Curro me usurpaba el papel de entrevistador porque se siente más cómodo preguntando sobre el trabajo de otros que hablando sobre el suyo. Estos meses han estado llenos de anécdotas que ejemplifican esa actitud. Estas son algunas: estamos en un restaurante, entre amigos, ha sobrado comida y Curro pregunta al camarero qué pasa con ella. Se entabla un debate sobre cómo gestionamos lo que ya no usamos, pero tiene uso. Es interesante cómo Curro introduce de una forma "inocente" temas complejos sin generar tensión.

Cuando le concedieron el Premi Ciutat de Barcelona le felicité por SMS y me contestó: "Gracias tío, ya sabes cómo va esto, hay mucho de lotería. La próxima vez que nos veamos te invito a un calimocho".

Suele ser muy autocrítico, como cuando le pregunté por su experiencia en São Paulo, dijo: "Fue un trabajo dentro de la Bienal de Arquitectura, con niños de las favelas con los que pensamos en su ciudad ideal. La verdad es que no tengo nada claro que el taller que yo dirigí funcionara para ellos. No sé si les aportamos algo a su compleja vida, pero la experiencia de estar unos días con ellos creo que fue muy positiva, espero que también para ellos. Una de las cosas que más me sorprendió es que las favelas dentro de su precariedad y por su topografía no dejan espacio a los coches y al final han construido un espacio para personas, donde todo el mundo se conoce. Es como una medina. Evidentemente, como extranjero te lo miras con otros ojos y la realidad cotidiana debe de ser muy complicada pero vi algunos recursos colectivos e individuales muy interesantes".

En fin, como retrato este libro es claramente imperfecto, no pretende condensar la totalidad de un creador que aún está en pleno recorrido profesional, pero creo que da algunas pistas sobre su trabajo y, sobre todo, algunas pistas de por dónde podría ir el diseño en los próximos años.

LAS VOCES

David Bestué
Artista con una extensa obra junto a Marc Vives y al mismo tiempo
una incipiente obra personal vinculada con su pasión por la arquitectura y el diseño. Autor de dos libros que miran la arquitectura
desde el arte: *Enric Miralles a izquierda y derecha (también sin gafas)*
y *Formalismo Puro.*

Glòria Pou
Galerista de Estrany de la Mota.
Toni Estrany
Fundador de la Galería Estrany de la Mota.
Àngels de la Mota
Fundadora de la la Galería Estrany de la Mota.

La Galería Estrany de la Mota es un espacio preparado para acoger
las exposiciones más diversas de artistas emergentes. Acoge arte
en el más amplio sentido y nuevas formas como el vídeo arte, las
instalaciones, la fotografía o el net-art. Su apuesta por los autores
noveles se contrapone a la presencia de artistas de renombre internacional para crear un conjunto arriesgado pero sólido.

Jesús Martínez Clarà
Profesor de Historia del Arte y Teoría de la Escola Massana de
Barcelona. Comisario y crítico de arte, profesor de Manifestaciones
Artísticas Contemporáneas en la Universidad Autónoma de
Barcelona, profesor de la Escuela Eina y asesor cultural de la
Fundació La Caixa. Colaborador y crítico de arte del periódico
La Vanguardia de Barcelona. Ha escrito numerosos libros, artículos
y presentaciones para catálogos de artistas. Se dedica a la escritura
y a la expresión artística. Maestro de *Shodo* (caligrafía oriental) y
Kyudoka (tiro con arco japonés).

Javier Peñafiel
Artista plástico que trabaja con la palabra y el gesto como materia prima. Su obra bascula entre la poética y la crítica, entre la

narratividad y la forma. Ha expuesto en bienales y centros de arte de Europa, Asia y Latinoamérica; y cuenta con obras en colecciones privadas y públicas de diversos países. Ha realizado asimismo residencias artísticas en Berlín, Lisboa, Nueva York, São Paulo y Valparaíso.

Juli Capella

Estudió diseño en la Escola Massana y es arquitecto por la Escola Tècnica Superior d'Arquitectura de Barcelona (ETSAB). Trabajó asociado con Quim Larrea hasta 1997, con quien fundó las revistas *De Diseño* y *ARDI*, y creó la bienal Primavera del Diseño y el fondo de diseño industrial del Museo de Artes Decorativas de Barcelona. Fue responsable de diseño de la revista italiana *Domus*. Es colaborador habitual de *El Periódico* y autor de varios libros. Ha comisariado exposiciones monográficas y colectivas. Recibió una mención honorífica en los Premios Nacionales de Diseño en 2000. Fue presidente del FAD entre 2001 y 2005 y promotor del Año del Diseño 2003.

Andreu Balius

Diseñador de tipografías reconocido internacionalmente. Es miembro de AGI (Alliance Graphique Internationale) y de AtypI (Association Typographique Internationale). Autor de diversos artículos sobre la materia, profesor y conferenciante incansable que comparte sus conocimientos impartiendo *workshops* por todo el mundo. Desarrolló el proyecto Al-Andalus, que pretende abrir puentes hacia otras culturas, entendiendo la tipografía como algo más que una herramienta para la transmisión de contenidos.

Luis Morón

Fundador y director de la empresa Signes, dedicada a la implantación de identidad corporativa y señalización, galardonada con el Premio Nacional de Diseño en 2005. En 2003 creó la Fundación Signes para desarrollar proyectos alrededor de la promoción y difusión del diseño, ejercer el activismo a través de él y generar iniciativas para apoyar a los más jóvenes. También se dedica a recuperar y preservar rótulos centenarios que configuran nuestro paisaje urbano.

Daniel Blanco

Social media strategist y director de arte. Ha trabajado en comunicación, en agencias como creativo y como grafista. También en el mundo editorial como gestor de contenidos. En este momento trabaja en la llamada reputación digital de las empresas.

Álvaro Sobrino

Periodista y diseñador gráfico. Editor de la revista *Visual* desde hace 20 años y de más de 80 libros sobre diseño, fotografía, arte e ilustración. Promovió la Designpedia (Wikipedia del diseño) desde la Fundación Signes. Comisario de varias exposiciones sobre diseño y cultura, asesor en temas de diseño para organismos públicos y privados, y jurado en certámenes sobre arte, diseño y fotografía.

Anna Calvera

Doctora en Filosofía por la Universidad de Barcelona. Profesora de Historia y Teoría del Diseño y de Estética en la UB, ha impartido docencia en diversas universidades y escuelas de diseño de Barcelona, Europa y Latinoamérica. Miembro de la Design History Society y de las juntas de la Asociación de Diseñadores Profesionales de Barcelona, la European Academy of Design y el International Commitee on Design History and Design Studies. Autora de diversos libros sobre diseño e historia que ya son referencia.

Isabel Campi

Licenciada en Historia del Arte por la Universidad de Barcelona. Se ha especializado en Teoría e Historia del Diseño Industrial y desde 1977 ha ejercido ininterrumpidamente la docencia. Es autora de diversos libros, artículos y trabajos de investigación y ha sido comisaria de diversas exposiciones organizadas por el Museo de la Ciencia y de la Técnica de Cataluña.

Fundación San Martín de Porres

Establecida en Madrid, desde 1969 se dedica a la atención, promoción y desarrollo de acciones en favor del colectivo de personas marginadas sin hogar y, en general, a la población carente de recursos económicos para poder subsistir por sí misma, a través de la puesta en marcha de centros de acogida, proyectos de integración e inserción social y cualquier otro medio de ayuda a ese colectivo.

Arrels Fundació

Entidad que desde 1987 se dedica a la atención de personas sin hogar en la ciudad de Barcelona. Su labor se centra en dos pilares: cubrir las necesidades de las personas sin hogar y acompañarlas en su itinerario personal. Proporcionan alojamiento, alimentación y atención social y sanitaria a hombres y mujeres que malviven en las calles, acompañándolos en el largo camino para recuperar su autonomía.

Caca.
Toca hablar de mí mismo

CC	Curro Claret	DB	David Bestué
OG	Oscar Guayabero	JC	Juli Capella
		TE	Toni Estrany
		JM	Jesús Martínez Clarà
		AM	Àngels de la Mota
		GP	Glòria Pou

Curro Claret se forma como diseñador en la Escuela Elisava y en el St. Martins School. Su trabajo es difícil de enmarcar en la etiqueta de diseñador industrial o de producto. Con un par de décadas de trayectoria, su manera de mirar los objetos, que es su manera de mirar el mundo, es rica, compleja y a la vez extremadamente simple. Si el objeto no mejora la vida de los que lo usan o producen, simplemente no merece ser creado.

CC — La primera influencia fue de mi madre, que era quien hacia los arreglos en casa. Su manera de arreglar los objetos que teníamos para alargar su vida me continúa pareciendo la mejor. Somos cinco hermanos y, claro, en casa pasaba de todo. Haber tenido un hermano arquitecto ha sido importante. Yo me metía en su cuarto y devoraba los libros que él tenía para estudiar. Su actitud, la pasión con la que vive la arquitectura se me quedó. Supongo que todo eso hizo que me interesara por el diseño.

OG — Y, ¿una vez acabaste de estudiar en la Escuela Elisava?

CC — Cuando acabé de estudiar no tenía muy claro qué quería

hacer. Creo que solo los que querían hacer coches lo tenían claro. Después estuve en St. Martins de Londres y luego de vuelta en Barcelona trabajé de ayudante en algunos estudios. Yo no sabía si quería trabajar por mi cuenta o no. Imagino que si hubiera encontrado una empresa en la que me hubiera sentido útil me habría quedado. Una mezcla de casualidades hace que acabes haciendo lo que haces. Yo era muy disperso y las cosas me fueron llevando hasta aquí.

OG — Por aquel entonces se creó un grupo de gente que estábamos aún en las escuelas de diseño del que formaste parte, la coordinadora de estudiantes de ADIFAD.

CC — Se creó un grupo de gente de forma bastante casual, a partir de unos cuantos de Massana que montasteis un grupo de estudiantes. Curiosamente, algunos de los que nos acercamos a ese grupo desde otras escuelas: Martín Azúa de Bellas Artes, Víctor Juan de Llotja, Emili Padrós y yo de Elisava, y algunas otras personas, acabamos después siendo amigos y compartiendo espacio de trabajo. Al final, hemos tenido perfiles diferentes aunque hay una cierta actitud en común.

OG —¿Cuáles podrían ser tus referencias en el campo del diseño?

CC — Tibor Kalman es para mí una clara referencia. Cuando estudiaba, Achille Castiglioni era un ejemplo a seguir. Pero con los años Kalman es quizás mi punto de referencia más importante. Por su posición, por su actitud de cómo responder al momento y al lugar donde vivió. Por su compromiso con las personas que se encontraban en las situaciones más precarias. Por su manera de cuestionar la realidad y el propio papel del diseño. Fue uno de los firmantes del manifiesto *Lo primero es lo primero* cuando era bastante joven. Llegó a trabajar con empresas muy *cool* y sin embargo no perdió la actitud. Además tenía un gran saber hacer estético y no olvidaba la sabiduría vernácula.

OG — Él se definía como un "optimista perverso". Tu actitud por el contrario podría verse como casi inocente, naif.

CC — Trabajaba en comunicación y eso a menudo implica cierta manipulación hacia el receptor, pero su actitud me interesa mucho. Otro referente es Enzo Mari, por el mismo motivo. No solo porque estéticamente me pueda interesar más o menos, sino por su manera de enfrentarse a la profesión. Recordemos su *Manifiesto de Barcelona*.

OG — Entonces, ¿ahora crees que el trabajo de Castiglioni es demasiado elitista?

CC — La posición ideológica, tanto de Kalman como de Mari, me parece más urgente. Castiglioni decía que el proyecto del que más contento estaba era uno de un interruptor muy "normal" de los que venden en ferreterías y que nadie lo compraba por ser de Castiglioni, sino porque simplemente era útil. Y eso no significa que no trabajase a conciencia en su parte "estética". Incluso pensó el ruido que debía hacer al activarse. En realidad hay muchos diseñadores, arquitectos, artistas y gente que me interesan mucho, pero creo que, igual o aun más que ellos, lo que más me fascina y me puede inspirar son sobre todo las cosas que pasan en la calle y lo que hace la gente más o menos "espontáneamente". Personalmente entiendo que tiene sentido trabajar también para minorías. De hecho, la mayoría de proyectos en los que participo tienen un alcance bastante pequeño. A veces una galería es el entorno adecuado para desarrollar y mostrar proyectos que están en proceso, es como un laboratorio. Detrás de una galería o un centro de arte muchas veces suele haber una persona con la que se establece un entendimiento y una sintonía especial, con un papel a veces oculto y difícil de valorar. En mi caso me siento muy afortunado de haber podido estar por ejemplo con Carles Poy, Joaquim Ruiz Millet y Anna Planella de h2o, Glória Picazo de La Panera, Ramón Parramón de ACVIC, Fernando Amat de Vinçon o Toni y Ángels de Estrany de la Mota.

OG — La primera vez que se vieron los taburetes de Arrels (fig. 34) fue en el Museo Nacional de Artes Decorativas de Madrid. Después se expusieron en la Galería Estrany de la Mota (fig. 35). Con el tiempo y sin que haya habido ninguna estrategia, los taburetes han tenido un recorrido curioso dentro de la galería. Desde 2011, cuando se presentaron en la exposición colectiva *Belvedere* comisariada por David Bestué y Marc Vives.

DB — Nosotros ya teníamos una amistad de tiempo atrás. Conocíamos bien el trabajo de Curro y la pieza entró en la exposición de forma muy natural.

GP — Era como la puntuación de la exposición, las comas, los puntos de las obras expuestas. Es obvio que no eran una obra de arte, pero encontraron su lugar sin problemas. Fueron leídos como taburetes pero a la vez como piezas. A nadie le chirrió.

DB — Creo que visto en la distancia esa pieza marca un antes y un después de tu trabajo. En aquel momento, estabas empezando tu relación con Arrels. Todo era muy prematuro pero con el tiempo se ha hecho un trabajo muy serio. De hecho, sigues en contacto con ellos.

CC — Sí, voy una o dos tardes a la semana, más o menos, para seguir con el taller donde vamos construyendo taburetes, lámparas y otras cosas.

OG — En realidad más que un taburete es un sistema. Puede generar diferentes piezas.

DB — Curro mantuvo su coherencia y no se vendía como una obra de arte por el hecho de estar en una galería, sino como un taburete hecho artesanalmente, sin más.

GP — La gente se acercaba a sus piezas viéndolas como obras útiles y las compraron como eso. Las tienen en casa para disfrutarlas y también para usarlas.

TE — Estas piezas fueron haciendo un giro. Al principio eran como un complemento que ayudaba a cohesionar el resto de las obras. Estaban como en segundo plano. Y con el tiempo fueron ganando territorio y encontraron su lugar como piezas, como obras. Da igual que estén o no sobre una tarima, ya han adquirido el rol de piezas por sí mismas. Los coleccionistas que han comprado alguno me cuentan que la relación que establecen con los taburetes está a medio camino de la experiencia artística y el uso doméstico. Incluso por su misma configuración no tienen miedo a estropearlo, porque la pieza permite que le ocurran cosas sin perder su esencia.

CC — Cuando los estábamos haciendo en el taller de Arrels, no teníamos la certeza de que aquello funcionara como silla ni como pieza ni como nada. Los teníamos allí amontonados. Al traerlos a la galería y ver cómo la gente los miraba, tocaba, valoraba y se sentaba, cambió nuestra percepción sobre ellos. Vimos cosas en los taburetes que no habíamos visto antes. Aunque la verdad, yo aún no sé qué piensan las personas de Arrels de los taburetes en sí. Sé que les interesa la experiencia pero no sé qué opinan sobre las piezas.

TE — Es importante tener en cuenta que no es un taburete de Curro, es un proyecto de Curro donde otra gente ha llegado a configurar la forma final de una expresión del proyecto, en formato taburete o mesilla o expositor, etc.

DB — Una de las cosas que me gustan de los taburetes es que son como un imán que del caos va atrayendo algunas cosas desechadas para generar una nueva pieza. No se sabe cuándo empezaron a existir las partes que lo forman y tampoco tiene un fin definido, porque se le pueden cambiar partes y sigue funcionando.

GP — Lo interesante es que los taburetes, como las tiendas de Camper, donde están, se valoran como tal, al margen de que Arrels esté detrás. Si luego descubres la historia, eso le añade una capa de valor, pero de entrada funcionan por sí mismas, en las mismas condiciones que otras tiendas u otras piezas de mobiliario contemporáneo.

AM— El recorrido del taburete ha sido predominantemente artístico, empezó en la galería pero ha estado en otros lugares siempre expuesto como obra, no como producto seriado.

JM — El elemento que te permite crear los módulos, taburetes, etc. es interesante, porque da mucho juego sin imponer su presencia. ¿Tiene nombre?

CC — Lo más parecido a un nombre es T300 (fig. 33), porque al inicio del proyecto la persona que me ayudaba entonces identificó una de las fotos con la te de taburete y añadiendo 300 por la definición de 300 dpi que tenía la imagen digital. Donde se envió la fotografía creyeron que era su nombre y lo pusieron así en los créditos de una exposición.

JM — Es como un aglutinante, porque es capaz de aunar muchas partes distintas. Como en la T300, en ti hay suficientes perforaciones para poder aglutinar, conectar partes que solas no tienen el mismo sentido o valor.

CC — Hay una cierta complejidad en el proceso, para establecer un trabajo riguroso de pruebas, ensayos, errores, descartar cosas. Es un trabajo muy normal y habitual cuando lo haces en tu estudio pero hacerlo con otra gente que además no está acostumbrada no es sencillo y a la vez es muy interesante cómo ellos viven ese proceso.

OG — Hay un aspecto del trabajo de Curro que me interesa que es los tempos. Su tempo es más pausado. El proceso no solo es un medio para llegar a un fin determinado sino que forma parte del resultado. Y por tanto, la lentitud en algunos casos de esos procesos es importante. Es posible que eso suponga un problema de sincronía con los tiempos de la industria.

JM — Es que en el caso de Camper, por ejemplo, tiene tanta fuerza el proceso como el momento de abrir la tienda. Imagino que por eso han creído interesante hacer este libro, para visualizar el proceso, como si hicieras un corte transversal.

CC — En el caso del taburete, el aspecto de objeto inacabado o no definitivo que puede transformarse y puede cambiar me gusta. La idea de no permanencia. Sin caer en algo pretencioso me gusta pensar y relacionarlo a la teoría de la materia y de los átomos, que nos dice así como que todos somos polvo de estrellas en constante transformación.

OG — Eso suena a mística oriental.

JM — Cada vez que te acercas a lo esencial te acercas a la filosofía y más concretamente a la filosofía oriental. Lo efímero, lo primigenio, lo mínimo, en definitiva lo esencial.

CC — Hay dos libros que nuestra generación leyó y que creo que tuvieron gran influencia sobre nuestro trabajo, son *El elogio de la sombra* de Tanizaki y el *Wabi-Sabi*, que hablaba de la belleza de las cosas imperfectas, mudables e incompletas. Algunos vimos allí una forma distinta de mirar los objetos y su creación.

OG — Pero ¿no nos decían en la escuela que los objetos debían hablar por sí mismos? ¿Por qué mostrar los procesos?

CC — Creo que el diseño, al margen de generar nuevos objetos, también puede servir para generar debate, discusión, hacer ver algún aspecto que como sociedad no estamos abordando bien, etc. Sin olvidar ni la forma ni la función para la que están pensados. Hay una confusión, pensamos que ética y estética son términos opuestos, cuando en realidad son complementarios. Había un proyecto donde hice una postal a partir de un cartón de una persona sin techo (fig. 02). En aquel caso, no era tanto el resultado sino el proceso. El hecho de contactar con ellos en la calle, hablar un rato. Para mí sumaba valor al objeto.

JC — En realidad, más que diseñador, Curro es alguien inquieto que proyecta. Una regadera que aprovecha el agua de lluvia (fig. 20), mejor que la del grifo, o un cucurucho doble de papel de diario que doblas tú mismo para poner las castañas e ir guardando las cáscaras (fig. 12). Una estructura básica para que los sin techo puedan atornillar trozos de muebles y sentarse (fig. 34) o decorar una tienda de Camper (fig. 41). Unas escuadras para crear contenedores aprovechando las cajas usadas (fig. 17). Como Ikea, pero gratis. Un cortador de pan, con agujeros y un embudo que lleva las migas al exterior para alimentar a los pájaros (fig. 18). También ha hecho el horrible florero Chapapote (fig. 28), mezcla de petróleo y cerámica que redime un material asesino como fuente de vida vegetal. O un banco de iglesia que se convierte en cama para dar hospitalidad de noche, que aprobaría el papa Francisco (fig. 32). Sus trabajos no generan *royalties*, de hecho, no sé de qué vive, pero han sido portada en *The Washington Post*.

Tibor Kalman (Budapest, 1949-1999)
Es uno de los diseñadores americanos más admirados de los últimos 25 años. Conocido sobre todo por haber sido el editor jefe de la revista *Colors*, su influencia ha marcado a toda una generación de diseñadores y artistas.

Achille Castiglioni (Milán, 1918-2002)
Diseñador industrial y arquitecto italiano. Castiglioni está considerado como
uno de los padres fundadores del diseño en Italia.

Enzo Mari (Novara, 1932)
Creador y diseñador italiano enmarcado en el movimiento moderno. Su trabajo
se basa en el idealismo del movimiento Arts & Crafts, y en sus convicciones polí-
ticas como comunista. En 1999 fue galardonado con el premio Barcelona Disseny.
Aprovechó la ocasión, que coincidía con la entrada en el nuevo milenio, para
hacer una oportuna reflexión sobre el estado del diseño. La llamó *Manifiesto
de Barcelona*.

Manifiesto de Barcelona
"Hace falta recuperar la tensión 'utopizante' de los orígenes del diseño. Si esta es la
alegoría de una transformación posible, hace falta que este mensaje llegue al mayor
número de personas. Aquellas personas que construyen nuestro entorno en un estado
de alienación y por lo tanto siguen siendo parte responsable de su transformación.
En la actualidad, los mecanismos inducidos por la revolución informática engullen
cualquier idea para vomitarla en forma de mercancía. Para empezar, en las próximas
décadas, debemos encontrar las formas adecuadas para aislar de esta redundancia
las ideas de transformación. Con el fin de lograr separarlas de todas esas ideas que
se generan por anarquías irresponsables que niegan y banalizan el impulso hacia la
utopía, y que hacen imposible cualquier implicación de la gente. Valdría la pena,
mientras tanto, generalizar la idea: la ética es el objetivo de todo proyecto (que es
equiparable al juramento hipocrático)". Enzo Mari, enero de1999.

El elogio de la sombra
Manifiesto sobre la estética japonesa de Junichiro Tanizaki, escrito en 1933. En él se
argumenta que en Occidente la belleza siempre ha estado ligada a la luz, a lo brillante
y a lo blanco, y que lo oscuro, lo opaco y lo negro siempre ha tenido una connotación
negativa. Sin embargo, argumenta, "en Japón la sombra no se aprecia como algo
negativo, es considerada como parte de la belleza".

Wabi-Sabi
Término estético japonés que describe objetos o ambientes caracterizados por su
simpleza rústica. El Wabi-Sabi combina la atención a la composición del minima-
lismo con la calidez de los objetos que provienen de la naturaleza. Leonard Koren
publicó un libro titulado *Wabi-Sabi para Artistas, Diseñadores, Poetas y Filósofos*.

"La pieza".
Respecto a eso del diseño

CC	Curro Claret	AB	Andreu Balius
OG	Oscar Guayabero	TE	Toni Estrany
		JM	Jesús Martínez Clarà
		LM	Luis Morón
		JP	Javier Peñafiel

OG — Tus trabajos parecen ir a otro ritmo que las llamadas tendencias. ¿Sigues de cerca lo que pasa en el entorno del diseño?

CC — Antes leía más sobre diseño, estaba muy al día de las publicaciones, revistas especializadas, etc. Me interesa lo que pasa pero en cierto momento tuve la sensación de que si le prestaba demasiada atención, inconscientemente, los temas que estaban en mi mente podrían ser demasiado "lo que se lleva" y eso tiene sus riesgos. Últimamente, limito más mis lecturas sobre diseño.

Me interesa mucho el pensamiento y los temas que afectan a mi trabajo pero de forma periférica. Ahora estoy leyendo *Juntos* de Richard Sennet. Es el segundo libro de una trilogía que empezó con el *El artesano*. Sennett es un pensador por cierto de mucha popularidad en nuestro ámbito. Imagino que en parte debido a que sus libros hablan justamente de lo que está ocurriendo. Por eso me interesan. Pero también teóricos del diseño como Victor Papanek o Buckminster Fuller me siguen interesando. Recuerdo que me impactó mucho un libro de la pensadora norteamericana Suzi Gablik, *The Reenchantment of Art*, donde cuestionaba con gran rotundidad el papel del artista en cuanto a creador singular de objetos de valor estético para los museos y el mercado, defendiendo otro rol mucho más intervencionista y directo con la realidad y los problemas de su alrededor. Ahora, estoy enganchado a un libro curioso que trata de los horarios de grandes figuras de la cultura. No habla de nada más que de eso. A qué hora se levantaban, cuántas horas trabajaban, cuándo comían, etc.

OG — ¿Y cuál es tu relación con "la industria del diseño" y con el propio concepto de "objeto de diseño"?

CC — Con el separador de carril para bicicletas (fig. 31) he aprendido mucho sobre cómo se trabaja para la industria desde el diseño, las relaciones entre diseñadores e industriales, los modelos de distribución, etc. No siempre es fácil y la inexperiencia te puede hacer caer en errores.

Con el frutero de malla (fig. 09) pasó algo curioso, estaba en una exposición y no me lo devolvieron. Parece ser que alguien lo tiró pensando que era un desecho. Supongo que en un primer momento me debió molestar un poco pero en seguida ya me hizo gracia e incluso en parte me atrajo que lo tirasen. Que alguien no le hubiese visto ningún valor, ni siquiera quizás para reciclar el hierro. Al fin y al cabo es solo un hilo de hierro con un trozo de malla de naranjas reaprovechado. No lo vieron como un objeto "diseñado".

OG — ¿Qué es lo que le da sentido entonces a tus objetos?

CC — Me atrae mucho pensar sobre lo que va más allá del objeto. Su valor de uso y la experiencia que se puede generar con él. Como un tornillo. No tiene valor en sí mismo. La gente no se queda admirando un tornillo. Lo guardas en una caja hasta que lo necesitas. El objeto no tiene ni valor económico, ni material, ni formal. Solo tiene sentido cuando alguien lo usa. Creo que fue en Inglaterra donde alguien hizo un estudio preguntando a la gente qué salvaría de su casa si hubiera un incendio, y la mayoría de las personas elegían objetos que tenían valor por su vínculo con él, no por su valor económico, ni tampoco por su valor funcional.

OG — Antes la gente se compraba un armario y era muy caro, pero era "el armario" y les duraba una vida. La inversión era importante pero el rendimiento también.

CC — Creo que no estoy muy interesado en el valor de estatus y poder que puede dar un objeto. Más allá de hacer el objeto con la calidad suficiente para que dé un buen servicio, el valor reside en su uso, como un tornillo y en la relación que se pueda generar con sus usuarios.

OG — Los tornillos son partes constructivas de otra cosa mayor. ¿De qué forman parte tus objetos?

CC — Imagino un tiesto de cerámica, que solo pretende cumplir bien su cometido. Está hecho de buena cerámica y listo. Pero con el paso del tiempo, el objeto recoge unas memorias y sufre mutaciones por su uso, aparece el rastro del tiempo, la humedad, etc. Tampoco creo que todos los objetos tengan que ser así, pero a veces desde el diseño olvidamos eso precisamente, la vida que tendrá el objeto con su uso. Nos centramos en otros aspectos, que no tienen tanto que ver con esa relación que se genera entre el objeto, el usuario y su uso.

Tú puedes ir a la ópera porque te entusiasma la música o el autor, y puedes ir alquilando las mejores butacas porque se supone que ir a la ópera está bien, pero no ser capaz de gozar con la música porque no tienes ni los conocimientos ni las ganas de captar esa belleza. Pueden beber un vino buenísimo dos personas y una alucinar con su sabor y la otra quedarse igual. Como dicen los que venden equipos de Hi-Fi, a partir de un cierto punto la proporción de la inversión económica que has de hacer para que el equipo mejore muy poco la calidad del sonido es como de 10 a 1. Solo los más expertos pueden notar esas diferencias. Si nos centramos en la exquisitez formal, solo una minoría podrá gozarla. Si trabajamos con procesos abiertos, en que los conceptos sean cercanos al usuario, el campo se amplía.

OG — Pero en tus objetos sí hay una evidente búsqueda formal. Aunque sea para negar el formalismo. Son formas muy contenidas, algunas veces parecen casuales, otras muy elaboradas, pero son formas al fin y al cabo.

CC — Sí, no quiero decir que esas formas resultantes salgan sin esfuerzo, ni conciencia del resultado. Conseguir que no parezca sobrediseñado requiere también esfuerzo.

OG — Recuerdo un proyecto tuyo de una papelera de malla en la que invertiste mucho tiempo para conseguir una forma final y sin embargo cuando te pregunté qué querías conseguir me dijiste que lo que querías era que el objeto desapareciera.

CC — Quizás es como una reacción a este tópico de que el diseñador debe hacer cosas que llamen la atención, que destaquen del resto, que la gente se fije en ellas. Y a mí a menudo me gusta huir de ese paradigma. Me gusta pensar que damos herramientas y que la gente las usa, sin más.

OG — En el caso de Andreu Balius y su proyecto tipográfico que combina caracteres latinos con árabes, es evidente. Él ofrece una herramienta de comunicación y la gente la usará como le parezca.

CC — Exacto. ¿Sabes cómo ha recibido gente de la cultura árabe que hayas hecho esa tipografía?

AB — Por lo que yo sé, bien. La idea era ser respetuoso con ambas culturas pero que si has de diseñar cosas en los dos alfabetos, estos tengan una coherencia. En un momento en que es tan necesario el contacto entre culturas, ¿qué mejor que compartir tipografía como forma de dialogo visual? Se llama Al-Andalus en homenaje al legado cultural árabe.

CC — Me parece una buena metáfora.

LM — Nosotros compramos la tipografía para un proyecto de señalización de un hotel en Dubái que al final no salió.

AB — ¿La compraste antes de que os aprobaran el proyecto?

LM — Pues sí, es como trabajamos. Si la usamos, aunque sea para hacer pruebas, la compramos.

CC — Eres un empresario muy raro, Luis. Eso no lo debe de hacer todo el mundo.

OG — Otro de los aspectos curiosos en el debate moral es el que emana del trabajo de Curro y el de otros. Si haces diseño moderno, con cumplir con ese equilibrio entre forma y función el objeto queda justificado. En la postmodernidad, ya sea en la fiesta hedonista o en el encargo mercantilista no hay debate, si divierte o si cumple con las necesidades del cliente, funciona. En el momento en que su trabajo incorpora parámetros sociales, ecológicos, etc., el objeto adquiere una dimensión moral y se suele juzgar con severidad cualquier desliz en ese campo.

JM — Pero en realidad en este trabajo de Camper, Curro consigue aglutinar, como lo hace su pieza, partes discordantes, y me refiero también a las personas, algunas rescatadas de la calle, para crear algo emocionante. Eso inevitablemente tiene una dimensión social, política.

CC — Quizás una de las cosas que me mueven es reconocer que el diseñador no tiene por qué ser el que encuentre la solución, que es una herencia del movimiento moderno. Hay que admitir que, a menudo, la situación a resolver es tan compleja que no existen soluciones que puedan salir de la mente de nadie sino que, como mucho, puedes ayudar a que se hable de ello, a provocar un cierto debate, que se genere una discusión y quizás, entre todos, se busquen respuestas.

JM — Es lo que decía, ya no es responder a una necesidad sino preguntarse por la necesidad. De dónde viene, si tiene sentido, si se puede sustituir por otra cosa. Se abren interrogantes.

CC — Sin duda, muchas veces el proceso de construcción de los taburetes con los de Arrels me sorprende. Podemos estar un buen rato pensando en cómo poner una pata o un tornillo. Parece como que todo es material de desecho unido de cualquier forma, pero no, hay momentos que son de puro proceso de diseño, tanto como los que podría tener con mis colegas de profesión.

TE — La dirección es básica aunque da un margen de juego, pero es la que vela para que el proyecto siga teniendo sentido. Es la dirección de Curro la que hace que las piezas se miren por sí mismas y no por una especie de solidaridad caritativa. Las personas que se han interesado por los taburetes, aquí en la galería, son personas brillantes en su profesión, gente con mucho criterio, que toma riesgos en sus compras. Eso me dice mucho del valor del proyecto.

JP — En ese aspecto, como en muchos otros, considero que la contradicción es un motor y no un freno. Esa contradicción de cuando uno cree que ha acabado una pieza pero que en realidad la pieza no acaba hasta que el público accede a ella y la manipula con su mirada, su lectura, su presencia. Mi trabajo en la Bienal de São Paulo fue una agenda incompleta que la gente cogía y terminaba a su manera.

Quizás en tu trabajo es más difícil porque tu público son usuarios. ¿La pregunta sería hasta qué punto ese usuario participa o forma parte del proceso? Imagino que es difícil. Yo tengo espectadores y puedo configurar las obras para que participen del proceso.

Me da la impresión de que tu trabajo, Curro, incorpora mucha artisticidad en el sentido clásico. Porque, por un lado, hay mucha subjetividad en él, y, al mismo tiempo, trabaja en un tiempo más lento que impide su consumo rápido. Y como estamos en el rigor de lo inmediato, las cosas hay que darlas masticadas.

OG — Los diseñadores vivimos la contradicción de querer trabajar para mejorar la vida de la gente y al mismo tiempo tener que estar inmersos en sistemas productivos que muchas veces hacen peor la vida de la gente que produce nuestros diseños.

CC — Hace unos años estuve dos o tres meses trabajando en una pequeña fábrica de estampación de piezas metálicas en un barrio digamos "industrial" de Barcelona. La fábrica o taller realizaba sobre todo pequeñas piezas para la industria del automóvil. Yo tenía que rehacer las fichas que utilizaban los trabajadores donde se indicaban algunos detalles técnicos de la pieza a estampar. El lugar donde hacía ese trabajo era el despacho del departamento de calidad, constituido por una sola persona que era mi jefe. El despacho era uno de esos con paredes de carpintería de aluminio y vidrio situado justo en medio de la planta con las prensas. Había pues un contacto visual y acústico bastante directo con la zona de fabricación.

El trabajo que se desarrolla en esos sitios es bastante repetitivo. Básicamente se trata de una máquina de un cierto tamaño con un peso y una matriz con la forma de la pieza a realizar, que sale aplastando en un solo golpe una chapa metálica plana.

El trabajador se sitúa delante de la máquina, coloca primero la chapa, con cada mano aprieta simultáneamente dos pulsadores situados en los dos extremos laterales, cae y se levanta el peso de la prensa. Cada golpe de la prensa provoca un fuerte impacto que hace vibrar el suelo y genera bastante ruido. Cuando había que hacer una producción con una cierta urgencia se tenía que acelerar el ritmo y a veces uno de los pulsadores lo dejaban siempre apretado, presionándolo por ejemplo con una madera, de manera que les quedaba una mano libre con la que podían agilizar el proceso. Pero a costa de unos riesgos evidentes: en el tiempo que estuve allí un joven operario perdió unos dedos de una mano por ese motivo.

Pues eso es lo que durante ocho horas al día muchas personas hacen para vivir. Como en cualquier otro contexto y actividad, algunos lo llevaban mejor que otros. La imagen de algunas de sus caras resultaba bastante contundente. Caras sin expresión, sin ilusión, apagadas, resignadas, como sin poder esperar de su trabajo nada más que la paga de fin de mes.

Sin duda, alguien, fácilmente, podrá decir que hay trabajos mucho peores. Y que ese mismo trabajo se realiza en otros países en unas condiciones mucho más duras y peligrosas. Seguro. Pero eso no quita para decir que ese tipo de trabajos, tal y como se están realizando en algunos talleres "de aquí", disten mucho de lo que un trabajo pueda y deba aportarle a una persona.

Tal como muchas veces se ha señalado, me parece natural afirmar que como diseñadores, y en última instancia también como consumidores o usuarios, en la medida en que participemos diseñando o disfrutando de ciertos productos, seremos cuando menos cómplices de estas prácticas y de muchas otras más graves.

¿El hecho que seamos más o menos conscientes de estas circunstancias nos exime de asumir ciertas corresponsabilidades? ¿Cómo debemos sentirnos? ¿Qué debemos hacer?

Supongo que algunos dirán también que llevar esas dudas al

extremo e intentar ser un poco consecuentes nos haría muy difícil llegar a producir la mayoría de las cosas de la manera como se producen. Que en cualquier proceso de producción en algún punto es posible encontrar algún aspecto "poco claro". ¿Justifica eso que continuemos haciendo las cosas tal como las hacemos? ¿En qué punto un diseñador, un consumidor o un usuario deberían renunciar a un proyecto o al uso de un producto porque tiene conocimiento de que algo "no está bien"? Cuántas cosas tienen de cambiar...

Richard Sennett (Chicago, 1943)
Sociólogo y profesor de la prestigiosa London School of Economics, es autor de algunos de los ensayos más provocadores e incisivos de nuestro tiempo. Inició una trilogía sobre el Homo faber. El primero, *El artesano*, versaba sobre el trabajo manual; el segundo, *Juntos*, se ocupa de la naturaleza de la cooperación y el tercero abordará el tema de la vida en las ciudades.

Victor Papanek (Viena, 1927-1998)
Autor del polémico libro *Design for the Real World. Human Ecology and Social Change*, una obra en la que criticó a sus colegas diseñadores, acusándoles de realizar un trabajo de mala calidad, de estar demasiado preocupados por cuestiones estilísticas, de malgastar los recursos naturales y de olvidar sus responsabilidades sociales y morales.

Buckminster Fuller "Bucky" (Milton, Massachusetts, 1895-1983)
Fue un diseñador, arquitecto, visionario e inventor estadounidense. También fue profesor universitario y un prolífico escritor. Durante su vida, Fuller buscó respuesta a la pregunta "¿Tiene la humanidad una posibilidad de sobrevivir final y exitosamente en el planeta Tierra y, si es así, cómo?".

Compartir.
Un nuevo modelo de consumo

CC	Curro Claret	DB	Daniel Blanco
OG	Oscar Guayabero	AS	Álvaro Sobrino

OG— La dificultad para entrar en el mundo profesional cuando nuestra generación salió de la facultad hizo que muchos buscaran otros territorios donde desarrollar su trabajo. Eso, y la puesta en cuestión de la sociedad de consumo, tal como la conocemos, hacen que se tenga una relación con la industria no siempre fluida.

CC — Yo no he decidido no trabajar con la industria. En realidad, imagino que, como a todos los que estudiamos diseño, me hacía mucha ilusión tener productos en el mercado. Pero hasta ahora la mayoría de las experiencias que he tenido en esta dirección no han acabado de funcionar.

OG — Pero ¿tú te ves haciendo mobiliario, lámparas, etc.?

CC — Si hay argumentos sólidos para hacerlos, sí, por supuesto. Pero si el encargo es hacer "una silla molona", sin más motivos que el de hacer "más de lo mismo" porque las empresas tienen que vender, me costaría. No es que no crea que no se pueda hacer. A los músicos no se les plantea por qué hacen una canción más con las que ya existen. ¿Por qué a los diseñadores sí, cuando hacen una silla más? Pero a menudo, no he sabido dar respuesta a lo que buscaba el industrial. Para hacer versiones no vale la pena. Aunque siento mucho respeto por los que trabajan en el mercado e intentan que aquello que hacen tenga sentido. Como con la ropa, parece que ya está todo hecho pero hay profesionales que siguen aportando valor.

OG — Con los cambios sociales y económicos que vivimos, ¿podemos seguir trabajando como si no pasará nada?

CC — Si uno está en la industria y es consciente del rol de los trabajadores de la fábrica que produce nuestro producto o del efecto de la producción sobre el medio ambiente y es capaz de introducir una mejora en el sistema, aunque sea pequeña, el efecto será enorme porque las producciones son masivas. Son batallas muy importantes, pero son invisibles para el usuario porque están dentro del mecanismo de producción. Puede parecer que los que trabajamos en proyectos donde estos gestos son más evidentes seamos más comprometidos y no es así.

OG — ¿Entiendes el diseño como una herramienta de cambio?

CC — Solo puede ser eso. Ha de generar algún tipo de cambio, mejorar la situación inicial. Ya sea en el proceso de producción, en el uso del producto o en la vida posterior a ese uso. Si no, es maquillaje sin más.

OG — Pero dicen que el diseñador que es profesional es el que da servicio a un cliente. Eso sería ser un buen profesional, ¿no?

CC — Precisamente, el otro día hablábamos de esto mismo en el FAD. En el año 1987 varias agrupaciones internacionales de diseñadores definieron las responsabilidades del diseñador y el primer punto era la responsabilidad del diseñador con la sociedad. El punto número dos era la responsabilidad con el cliente. Es decir, que antes está el destinatario final, la sociedad, que los empresarios que te hacen el encargo. Que tu cliente no te pida ciertas cosas como responsabilidad social, huella ecológica, etc. no significa que tú no debas tenerlo en cuenta. Lo contrario es servilismo, no ser profesional. Hacer compatible esa actitud con la necesidad de subsistir es complejo, pero es importante ser consciente de ello.

OG — En el campo del diseño gráfico y la comunicación existen algunos manifiestos como el *First things first* que Ken Garland publicó en 1964 y se reeditó redefinido en 2000, donde señalaba la responsabilidad de los diseñadores respecto a la sociedad. ¿Hay algo parecido en diseñadores de producto? ¿Cómo convive el diseñador con la llamada Responsabilidad Social Corporativa de las empresas?

CC — El diseño gráfico tiene muy cerca la publicidad y ese sector quizás es el extremo de hasta dónde se puede llegar sin compromiso con la sociedad. Por eso mismo, los diseñadores gráficos tienen la necesidad de definir bien sus límites. Hasta qué punto se comprometen con estas premisas es difícil de saber. Quizás necesitamos una especie de código deontológico. Pero todo es un poco confuso, cómo podemos marcar límites a la moral de cada uno, etc.

DB — Mi opinión es que las marcas han de restringir su "función social" a su ámbito concreto porque si se salen de ahí, existe el peligro de que las instituciones se acomoden y dejen en manos privadas lo que debería ser público. Las instituciones públicas están para que los servicios públicos existan, al margen de los ciclos económicos.

AS — Estoy de acuerdo, no ponerle freno a estos ejercicios que no siempre son transparentes de las marcas al final genera el efecto contrario. Como esos casos en los que si compras no sé qué producto, una parte del precio va a no sé qué obra social. Sin embargo, hay sectores en los que si desaparece la participación de las marcas, directamente desaparecen, como por ejemplo la cultura y las empresas de cerveza. Las empresas no tienen alma. Eso es así. Cuanto antes lo aprendamos, mejor. No podemos esperar decisiones morales de las empresas.

OG — ¿La responsabilidad es del consumidor?

CC — Hay un problema sistemático. La velocidad de consumo. En menos de un año la mayor parte de los productos que compramos ya estarán tirados a la basura, incluso algunos sin apenas haberlos utilizado. En temas de sostenibilidad existe la paradoja de Jevons. Cuando hacemos un gesto para reducir nuestra huella ecológica se produce un efecto rebote que supera, a menudo, el ahorro energético del gesto inicial. Parece un problema inherente al ser humano.

OG — En este momento, hay dos corrientes sobre cómo encarar el problema de la sostenibilidad. Por un lado está el movimiento del decrecimiento, que plantea el crecimiento ilimitado como un error, y por otro las teorías llamadas "de la cuna a la cuna". ¿Cómo lo ves tú?

CC — Nada fácil. Se me escapa del todo. Claro que he leído a Serge Latouche y me interesa mucho su posición de decrecer. Creo que es un buen momento para probar nuevas fórmulas porque hemos visto que las que existían no funcionan. Es importante testar esas teorías porque a menudo lo más aparente no es lo más eficaz en términos ecológicos.

OG — También está la teoría de las tres erres: Reducir, Reusar, Reciclar y una cuarta que se añade al movimiento *slow*, ralentizar, ¿las tienes presentes en tu trabajo?

CC — Sí, claro, reutilizar es una de ellas y mi trabajo está, en parte, en ese campo. Me interesa además que los proyectos visualicen esa actitud porque tiene una función de divulgación de valores. Mis objetos muchas veces intentan ser una herramienta para generar debate. Uno de los problemas que ha tenido el diseño es que creímos que teníamos las respuestas y luego hemos visto que no. Es importante plantear interrogantes. La solución de los grandes temas no vendrá solo por el diseño sino como sociedad en su conjunto.

Como diseñador, me interesa participar en mi pequeña aportación a esos grandes debates pendientes, sea desde el activismo como desde el replanteamiento de pequeños aspectos de los procesos. Hay diferentes velocidades y dimensiones que pueden aportar cosas a esa transformación necesaria.

He estado con algunas empresas en proyectos "comerciales" pero la mayoría no han llegado a prosperar. No es que no crea en ese tipo de productos, quizás es que no he sabido dar la respuesta adecuada al cliente. Pero sí está claro que, una vez lanzas tu creación al mercado, pierdes parte del control. Es como en la música, un disco de un grupo supercomprometido puede ser escuchado en el club más pijo del mundo. En el fondo supongo que es importante que pueda pasar eso.

OG — La diferencia es que la música vale toda más o menos lo mismo y en cambio en diseño hay una diferencia abismal entre productos similares, al menos en su función.

CC — Hay muchas maneras para hacer que las personas disfruten de tus objetos sin comprarlos. Desde que estén en un bar, en casa de alguien o expuestos en algún sitio por ejemplo. Pero hay que señalar que cuando producimos un objeto en pequeñas series, con fabricantes locales, casi siempre acaba subiendo el precio del objeto. Eso marca la diferencia frente a una producción masiva. La falta de competitividad por los costes elevados se puede suplir con más personalidad. Pero no podemos valorar un objeto solo por la firma sino por lo que ofrece a cambio. Lo importante es ofrecer un uso pero hay que tener en cuenta que puede haber un placer estético que se corresponda con su precio. Por otra parte también es verdad que muchas veces el coste ecológico y social de productos "baratos" es muy elevado.

OG — Cierto, pero también es cierto que empresas de prestigio acaban produciendo en las mismas fabricas deslocalizadas y en las mismas condiciones tanto laborales como ecológicas que los productos *low cost*.

CC — Hay muchos elementos que intervienen. Es verdad que en algunos sectores como la moda la marca aumenta el valor económico. Pero también pasa que las empresas *low cost* van a las pasarelas y fusilan modelos que a la empresa original le ha llevado un tiempo de desarrollo y una inversión económica, de investigación, etc. Eso ahorra mucho en costes. En diseño de mobiliario es evidente que pasa. El problema es complicado porque el comprador no tiene toda esa información en el momento de comprar uno u otro. Cabría preguntarse, si tuviéramos un sistema de transparencia en cuanto a los procesos de producción y diseño, de qué forma cambiarían nuestros hábitos de consumo.

Y no niego lo que tú apuntabas sobre que existe una inflación muy grande entre el valor de uso y el valor de cambio de las cosas. Marcas y nombres propios que aumentan precios sin ofrecer la calidad suficiente a cambio. Hay un porcentaje de exclusividad que a mí no me interesa. Eso es simplemente especulación. Son empresas que luego igual hacen una campaña social, cuando lo que deberían es hacer las cosas bien internamente.

DB — Hay un efecto positivo que es que cuando las marcas inician una campaña "social" se ponen en el punto de mira. Y hay un montón de gente que analiza con lupa esa operación. En las redes sociales es espectacular. La exposición de la marca ante los demás es total.

Sé que cuesta decirlo pero creo que la aportación de las empresas en temas sociales debería limitarse a temas que no sean imprescindibles. Es decir, si financian payasos para los niños en los hospitales y por lo que sea dejan de hacerlo, es una putada pero no se muere nadie. Si financian quimioterapia, estamos jodidos.

OG — Mi opinión es que la Responsabilidad Social Corporativa es con su propia actividad. ¿Cómo producen? ¿Con qué? ¿En qué condiciones? ¿Dónde? ¿Cómo distribuyen su producto? ¿A qué precio? Etc. Eso es lo importante. Si luego hay beneficios y quieren financiar una ONG, por mí bien, pero no a costa de lo importante. A veces encontramos empresas que colaboran para la conservación de la naturaleza cuando sus fábricas no tienen las mínimas condiciones medioambientales.

CC — Como dices, cuando una empresa hace una acción que toca "lo social" se mira con lupa. Y en cambio esa mirada crítica no parece que exista con lo que hace cada día esa empresa: sus productos.

DB — Es que las marcas son estructuras tan grandes que uno no sabe por dónde empezar. En cambio sobre un aspecto en concreto es más fácil cuestionar. Hay que tener en cuenta que un porcentaje importante de los ataques a las empresas se hacen por vanidad del atacante. Un concepto idealizado de hacer el bien.

OG — ¿Cuando diseñadores como tú se ponen a diseñar cosas que antes surgían de la espontaneidad, no están cargando de sobrediseño nuestro entorno?

CC — Hay ese peligro, sin duda. En el primer texto que aparece en el libro *Design Anarchy*, Kalle Lasn, activista y editor de la publicación *Adbusters*, recuerda cómo de niño jugaba en las ruinas, los descampados y las zonas industriales abandonadas.

Lugares dice "sucios", con insectos, serpientes y vegetación en estado más o menos salvaje. Espacios que han ido progresivamente desapareciendo y transformándose, con zonas pavimentadas enmarcando por dónde debe pasar la gente, con prohibiciones de poder pisar la hierba y con flores colocadas en jardineras de cemento. La naturaleza, dice, es entendida como la aniquilación de la espontaneidad a través del jardín perfecto.

Si se lleva esta descripción al ámbito del diseño, los diseñadores y los arquitectos, de hecho no hace falta llevarlo, eso básicamente es el paisajismo, una disciplina entre el diseño y la arquitectura, debería cuando menos hacernos cuestionar unas cuantas cosas. Así de entrada dudo absolutamente que cualquiera de los lectores que de niño haya podido jugar en un lugar parecido al descrito no lo recuerde como una experiencia de igual o mayor placer a la de jugar en cualquier parque diseñado.

Bajo la creencia de las buenas intenciones, de un cierto entendimiento, o de un mal entendimiento, acerca de lo que es el desarrollo y el progreso, algunas de las cosas que hacemos parecen ir exactamente en la dirección opuesta a nuestros verdaderos intereses, que deben ser inevitablemente los del planeta.

Resulta que eso que se encuentra en estado "salvaje", dejado, sin tocar, puede tener mucho más valor que lo que cualquier ser humano pueda ser capaz de crear. Cuánto nos cuesta a los arquitectos, diseñadores y también a los políticos, gestores y gentes en general, reconocer o saber ver que, en ocasiones, lo mejor es dejar ciertas cosas tal como están. Que no se entienda como dejadez o pasotismo, todo lo contrario, muchas veces se requiere una postura decidida y mucho esfuerzo para asegurar que se queden como están.

OG — Explícate. ¿Se trata de no diseñar?

CC — Una muestra muy clara de ello puede ser el proyecto de los arquitectos franceses Lacaton & Vassal para la remodelación de una pequeña plaza de Burdeos, donde tras analizar y considerar diversas intervenciones decidieron que tal como estaba funcionaba muy bien y lo único que se atrevieron a proponer fue la forma de asegurar que su mantenimiento se realizase de manera periódica. O algunos de los proyectos de la artista Lara Almarcegui donde precisamente enfatiza el valor de los descampados y lugares abandonados. Cada vez hay más evidencias de que muchas de las cosas que los humanos estamos haciendo deberían hacerse exactamente al revés. Que ese supuesto progreso no lo es tal. Que tiene trampa. Que va a costa y en contra de otras personas y del planeta.

First things first
Ken Garland publicó en 1964 un manifiesto titulado *First things first,* que podría traducirse por *Lo primero va primero.* En su época causó un gran revuelo, fue publicado en el diario *The Guardian* y fue invitado a leerlo en la BBC TV. Entre los que firmaron el manifiesto se encuentran nombres muy interesantes como Erik Spiekermann y Tibor Kalman.

Paradoja de Jevons
La paradoja de Jevons, denominada así por su descubridor, William Stanley Jevons, afirma que a medida que el perfeccionamiento tecnológico aumenta la eficiencia con la que se usa un recurso, lo más probable es que aumente el consumo de dicho recurso, antes que disminuya. Dicho de otra forma: la introducción de tecnologías con mayor eficiencia puede, por un efecto rebote, aumentar el consumo total de energía.

Decrecimiento
El decrecimiento es una corriente de pensamiento político, económico y social favorable a la disminución controlada de la producción económica con el objetivo de establecer una nueva relación de equilibrio entre el ser humano y la naturaleza, pero también entre los propios seres humanos. Rechaza el objetivo de crecimiento económico en sí del liberalismo y el productivismo.

De la cuna a la cuna: Rediseñando la forma en que hacemos las cosas
Cradle to Cradle: Remaking the Way We Make Things es el título original del libro publicado en el 2002 por el químico Michael Braungart y el arquitecto William McDonough. Proponen un cambio de enfoque que solucione los problemas de impacto sobre el medio ambiente desde la misma concepción de cualquier producto, estrategia o política. Por ejemplo, es más eficaz proyectar un edificio desde el principio planteando el aprovechamiento de la ventilación cruzada y de la iluminación natural, que solucionar futuros problemas derivados del consumo excesivo de energía del aire acondicionado y la iluminación.

Serge Latouche (Vannes, Francia, 1940)
Profesor emérito, es especialista en las relaciones entre el Norte y el Sur. Crítico con el modelo de desarrollo occidental y los efectos negativos del mismo, ya sea a nivel ecológico como a nivel social, defiende el decrecimiento y el localismo frente al proceso de globalización/occidentalización mundial. Se le considera el ideólogo del Decrecimiento.

Las tres erres
La regla de las tres erres, también conocida como las tres erres de la ecología o simplemente 3R, es una propuesta sobre hábitos de consumo, popularizada por la organización ecologista Greenpeace, que pretende desarrollar hábitos como el consumo responsable. Este concepto hace referencia a estrategias para el manejo de residuos que buscan ser más sostenibles con el medio ambiente y específicamente dar prioridad a la reducción del volumen de residuos que generamos.

Kalle Lasn (Tallín, Estonia, 1942)
Cofundador de la organización Adbusters, editor y director de arte de la revista del mismo nombre. Es autor de libros como *Sabotaje cultural: Manual de uso*, que está en la línea de las ideas defendidas por Adbusters. Trabajó como productor de documentales en la televisión pública canadiense durante 20 años, y fue precisamente allí donde conoció a Bill Schmalz, el otro cofundador de Adbusters.

Adbusters
Organización anticapitalista que lleva a cabo un ataque a los medios de comunicación y a la filosofía consumista que estos promulgan. Su objetivo es utilizar la publicidad como un medio de comunicación de ideas y compensar así la manipulación que ejerce la publicidad sobre la sociedad. La organización aparece en 1989 y en 1994 nace, vinculada a ella, una publicación homónima. Se presenta como un espacio de diálogo y lucha contra el consumismo y el capitalismo, en el que tienen cabida escritores, activistas, estudiantes y demás personas comprometidas con el anticonsumismo.

Lacaton & Vassal

Con más de 20 años de trayectoria profesional, los arquitectos franceses Anne Lacaton y Jean-Philippe Vassal se caracterizan por enfrentarse a los proyectos con una actitud no constructiva en el sentido clásico sino con una mirada que intenta extraer de lo existente lo mejor para dar una segunda vida a espacios, materiales, tecnologías, etc.

Lara Almarcegui (Zaragoza, 1972)

Una de las artistas españolas con mayor proyección internacional. Ha concentrado su carrera en señalar e investigar ese tipo de lugares abandonados que encontramos en las ciudades y sus alrededores. Descampados, tierras baldías, ruinas pobladas de hierbajos. Mientras los ciudadanos y las administraciones miran hacia otro lado, ella los encuentra mágicos y acogedores. Aun así, su obra, en apariencia fría y minimalista, tiene una fuerte carga de denuncia contra los desmanes del urbanismo.

Proyectos muy difíciles.
Trabajar en la contradicción

CC	Curro Claret	DB	David Bestué
OG	Oscar Guayabero	AC	Anna Calvera
		IC	Isabel Campi
		JM	Jesús Martínez Clarà
		AM	Àngels de la Mota
		JP	Javier Peñafiel

CC — Me gustaría que el libro fuera una oportunidad para hablar con otra gente de temas de los que tampoco tengo una posición muy definida. Gente de fuera del ámbito del diseño. Me interesa hablar desde la ética, sobre el activismo en el ámbito del *marketing* y la Responsabilidad Social Corporativa de las empresas. También con gente del entorno del arte donde a veces he tenido la oportunidad de trabajar. Me interesa particularmente la contradicción.

JP — Decidir que algo no sea contradictorio solo se puede hacer con una emisión de juicio, autorizada. Y ¿quién está autorizado? Es moralismo antiguo. Creo que es un falso problema arrojadizo porque todos vivimos en la contradicción permanente.

CC — Me gusta la idea de que mi trabajo pueda estar en una galería de arte, en principio pensada para un público más o menos sofisticado, y al mismo tiempo que pueda trabajar con gente de la calle. El trabajo es el mismo y mi actitud también pero las reacciones son muy distintas. Casi todo el mundo ha tenido una época que suele ser al principio más experimental o políticamente comprometida. Lo difícil es mantener esa actitud sin renunciar a la industria. Para mí, un ejemplo es Enzo Mari, que mantuvo su ideología comunista viva, mientras podía hacer cosas para una empresa elitista como Alessi. Me parecería injusto descalificar ese trabajo por la supuesta contradicción. No veo por qué uno no puede ir hacia diferentes direcciones simultáneamente. Seguramente, él lo asumía con mucha naturalidad. No me preocupa excesivamente contradecirme si cuando estoy haciendo algo encuentro sentido y argumentos para ello. Solemos buscar los puntos débiles de aquellos que se comprometen en algún momento con ideas o ideales. Pero en realidad tengo la sensación que todos los que vivimos en Occidente vivimos en una constante contradicción. Para soportar nuestro modo de vida hay otros viviendo en la penuria. Podríamos hacer un esfuerzo mucho más contundente. Ser consecuente hasta el final es casi imposible. Deberíamos abandonar nuestras casas y ser mucho más autosuficientes.

Creo que si alguien se significa por alguna causa que cree justa, no merece ser señalado como incoherente por trabajar también para la industria. En todo caso, no es menos incoherente que el ciudadano que va a una manifestación o hace una donación a una ONG pero al día siguiente va a trabajar a una multinacional o compra ropa en una franquicia. El 99 % vivimos en la contradicción, y nos toca bregar con ella.

Creo que en cualquier lugar se pueden hacer avances. Quien crea que puede hacer cambios solo desde fuera del sistema me parece muy respetable, pero no creo que sea la única manera. Si puedes colarte por dentro del sistema, allí también puedes operar cambios.

Esa contradicción no me parece que anule el trabajo hecho. En el mundo del arte pasa lo mismo, obras con objetivos políticamente comprometidos acaban a veces en colecciones privadas de grandes capitales.

OG — Alguien podría pensar que tú esquivas el mercado para ahorrarte ese conflicto.

CC — Creo que la finalidad del diseñador no solo es la de producir cosas. Es una opción pero no la única. El diseñador puede intervenir de muchas formas. Generando discurso (escribiendo), haciendo preguntas (con exposiciones reflexivas en museos), evidenciando procesos (como en este caso con Camper) o pensando recetas para que la gente se haga sus propios objetos. Con la aparición de las impresoras 3D eso último va a ser más evidente aún.

Sé que, a veces, he fallado en la industria por no entender cuáles son los límites. Cuáles son los valores que hacen de una idea un producto comercial. Quizás he respondido con argumentos que ellos no tenían en sus objetivos y por eso no he prosperado. Eso no niega que pueda haber diseñadores que se dediquen a generar nuevos productos o a rediseñar los que ya existen para adaptarlos a los nuevos gustos, tecnologías, etc. que me atraigan mucho. Jasper Morrison, por ejemplo, me parece un diseñador que sabe rediseñar las cosas que ya existen. Solo las redibuja, pero lo hace con una excelencia impresionante.

OG — Pero fue él quien hizo la exposición *Super Normal* reivindicando precisamente los objetos "anónimos".

CC — Sí, pero él no elige cualquier objeto anónimo sino solo aquellos que según su criterio tienen la forma idónea. Objetos que han ido depurándose durante generaciones. La mayoría de los diseñadores reconocen el valor de los objetos vernáculos.

JP — Para mí la contradicción es un material de trabajo.

CC — ¿Y por qué crees que hay tanta dificultad en asumir ese aspecto positivo de la contradicción?

JP — Porque la gente todavía está en fase de emisión de juicios. Prefieren el juicio a la experiencia. Cada vez más, vivimos en la experiencia al margen de los juicios. Los jóvenes viven su sexualidad sin juicio de género. Pero hay mucha gente que se resiste a ese nuevo paradigma.

OG — Yo, que soy un "antiguo moralista", reconozco que no siempre la contradicción me interesa. Por ejemplo, los creadores de arte político que tienen como clientes a fundaciones de entidades bancarias o blanqueadores de dinero. A mí me parece que destruye la propia obra. Entiendo que hay que convivir con esa contradicción pero me molesta.

JP — Pero es que eso no es una contradicción. Es una perversión desde el inicio, porque esos artistas ya saben quiénes son sus clientes y generan obra para ellos. Se trata de camuflar un arte de salón con una pátina política pero ahí no hay contradicción. Si hubiera contradicción realmente sería arte político.

AM — La mayoría del arte social denuncia o expone una situación pero raras veces se implica en la dinámica de intentar resolver esa situación. Curro sí lo hace. Eso es una gran diferencia. No quita valor a los artistas que nos hacen ver aquello que a veces no queremos, pero es cierto que a menudo queda en el plano de la representación.

CC — El día que presentamos el proyecto de Camper, un periodista expresó sus dudas sobre utilizar la mano de obra de personas con dificultades para hacer una tienda de moda, pero, curiosamente, no se acercó a esas personas a preguntarles qué pensaban ellos.

JP — Es que, como decía, permanecer en el juicio es más cómodo que vivir en la experiencia.

CC — Es como ponerse en la posición del otro pero sin conocer a ese otro y cuáles son sus argumentos, necesidades, etc. La idea es cómo te pones en su lugar, ¿desde tus valores o desde el conocimiento de su realidad? A mí la verdad es que muchas veces se me escapan las connotaciones ideológicas de mis trabajos pero no por eso dejo de hacer cosas.

OG — En los últimos años el llamado arte social o arte político ha tenido una gran presencia en el panorama internacional. ¿Cómo veis el trabajo de Curro en ese contexto?

JP — Toda actividad humana es política. Especificar que algo es político es una nominalización de esa actividad, y normalmente se hace desde el cinismo. La mejor política sucede sin adjetivos, sin etiquetas. Lo político está en lo común, no en lo nominal. Yo, cuando tengo presupuesto público, intento hacer algo que tenga alcance más allá del sector. Pero a la vez me gusta trabajar con galerías porque son lugares que te permiten explorar los límites ya que son para un público muy minoritario. No tiene nada que ver si te invitan a hacer una intervención en la Expo de Zaragoza, por ejemplo, con cuando hago una conferencia dramatizada para 20 personas.

CC — Eso me interesa, hacer cosas en el espacio común y trabajar para que sean accesibles y a la vez que se puedan hacer trabajos de laboratorio para una minoría, como experimentación.

DB — Un caso similar a Curro sería Nuria Güell, ella también genera entornos donde los demás participan en las mismas condiciones y pueden aprovechar la plataforma, o la herramienta generada. Se implica directamente.

OG — En el caso de Javier Peñafiel y su obra en la Expo de Zaragoza recuerdo su frase "La propiedad del agua no es transparente" escrita en un pabellón con una tipografía que podría haber salido de cualquier caja de ahorros. La gente valoraba ese trabajo en términos de "belleza" cuando debería haberlo hecho en términos de "efectividad".

JP — No quería que fuera un mensaje mandado desde lo *cool* sino desde el propio error. Cogimos una tipografía muy usada en comercios y publicidad *maisntream*. Tengo una frase que dice "El artista imita la voz de cualquiera" porque eso es lo que hacemos o lo que deberíamos hacer: imitar la voz para insertar nuestra narrativa.

CC — Hace unos años en una galería de Viena hice un trabajo también con un colectivo de gente de la calle a partir de los taburetes y la pieza T300. El día de la inauguración se me acercó una chica y me dijo: "Son incomodísimos y son feísimos". Al principio no supe qué decir, pero luego me dio por pensar en qué entendemos por belleza. Esos taburetes que habíamos hecho con gente que llevaba vidas muy complicadas nos habían aportado momentos interesantes. Y al final un taburete no deja de ser una superficie plana a una altura determinada. Era de una belleza áspera, pero ¿qué menos, teniendo en cuenta de dónde salían? Las publicaciones de papel o digitales sobre diseño se centran en la belleza a menudo dentro de unos determinados cánones, digamos, de *glamour*. Como decía André Breton: la belleza será convulsiva o no será. Quiero decir que hay otras maneras de acercarse a la belleza o como mínimo diversos tipos de belleza.

OG — Es interesante revisar la historia del diseño incluyendo las cargas ideológicas que tuvieron muchos de los avances en este campo. No se puede entender a William Morris o a la Bauhaus sin tener en cuenta su afiliación al socialismo utópico.

AC — Al analizar la historia del diseño, a veces, cometemos el error de situar preguntas fuera de contexto. Como cuando se valora el feminismo de una persona tan influyente como William Morris cuando las sufragistas estaban apenas comenzando, porque ahora ser de izquierdas incluye el feminismo.

La burguesía catalana es otro ejemplo. Ellos iniciaron su época dorada cuando todo el mundo estaba de acuerdo en que la industria era el futuro, cosa que no cambió hasta la crisis de finales de los años 60. Para muchos, eran el gran modelo. Nadie hablaba de la lucha de clases, intrínseca a la revolución industrial, que vivió nuestro país justo antes de la dictadura de Primo de Rivera. Eran emprendedores y bastante cultos pero burguesía al fin y al cabo, no los podemos valorar con esquemas morales actuales porque no aguantan el examen. Ya sabían que la situación de los trabajadores no era la que debía ser, por eso se inventaron campañas de beneficencia, el Monte de Piedad, etc. Eran paliativos de esa situación. Ahora que hemos consentido que las cajas de ahorros se conviertan en bancos, nos hemos cargado esos valores que las crearon, incluyendo la caridad cristiana, que era un código moral que sí entendía la burguesía de la época.

CC — Parece más fácil atacar a aquellos que están en la industria pero también entre los activistas hay manipuladores. Cuando las cosas se convierten en tendencia siempre hay gente que se apunta igual con buena fe pero no de forma efectiva. Muchas veces se queda en una imagen. A menudo desconocemos el impacto de nuestras acciones.

AC — Nosotros mismos, vistos desde la distancia, también tendremos nuestras contradicciones, como por ejemplo que todos somos en mayor o menor medida ecologistas pero a la vez estamos atrapados por la innovación tecnológica, sin la más mínima crítica a la basura digital.

IC — Hoy ser moderno no se lleva, conocemos fallos de la modernidad, como el descuido del medio ambiente. Pero durante décadas lo moderno era lo bueno. Y serlo implicaba enterrar el pasado para mirar con optimismo al futuro.

JM — La contradicción es inherente a nosotros. Es mejor aceptar las fisuras que intentar ocultarlas porque haberlas, las habrá siempre. Es un concepto muy occidental. En Oriente no es así. Yo estoy implicado en la cultura zen y la contradicción allí es el punto de equilibrio. Eso no significa ignorar la contradicción sino trabajar en ella, bregando en ese territorio inestable. Preguntarse cuál es nuestro papel en ese contexto contradictorio.

CC — En la educación básica, ¿hasta qué punto se estimula a los alumnos a que se pregunten sobre por qué vivimos de una forma y no de otra?, ¿sobre por qué nuestro sistema económico y social es como es? La necesidad de cuestionar como diseñadores es evidente pero no nos forman hacia esa dirección. Ya no hablo de las carreras de diseño sino antes, en los estudios previos. El análisis es necesario, no la crítica de bar, que es la que sabemos hacer todos. El activismo desde el diseño muchas veces se ve como algo estético, se reduce casi solo a esa dimensión. Precisamente esa estética que se genera desde movimientos y acciones de la calle, que puede resultar más bruta, ruda y poco cuidada, es parte del mensaje. Cuando se domestica y se "pule" puede perder también contundencia. Y parte de su objetivo es que moleste.

Alessi
Fundada en 1921, es una empresa familiar italiana conocida por sus accesorios divertidos y lúdicos para la cocina, fabricados en acero inoxidable y plásticos de colores. Para diseñarlos contrata a numerosos arquitectos y diseñadores famosos.

Jasper Morrison (Londres, 1959)
Diseñador de producto considerado el precursor de la "nueva simplicidad", una tendencia que preconiza una interpretación humilde y purista del diseño.

Super Normal

Jasper Morrison junto con el diseñador japonés Naoto Fukasawa crearon en 2006 la exposición que lleva este título y las tesis presentadas en ella. Se trata de una recopilación de objetos cotidianos, algunos anónimos, que resuelven su función con eficacia y tienen unas formas depuradas con los años que los hacen bellos.

Nuria Güell (Barcelona, 1981)

Artista plástica, su trabajo se centra en repensar la ética practicada por las instituciones que nos gobiernan y detectar los abusos de poder que permiten la legalidad establecida y la moral hegemónica.

William Morris (Walthamstow, 1834-1896)

Artesano, impresor, poeta, escritor, activista político, pintor y diseñador británico, fundador del movimiento Arts & Crafts.

Bauhaus

Mítica escuela de artesanía, diseño, arte y arquitectura fundada en 1919 por Walter Gropius en Weimar (Alemania).

Acciones.
Qué hacer hoy y aquí

CC	Curro Claret	DB	Daniel Blanco
OG	Oscar Guayabero	AC	Anna Calvera
		IC	Isabel Campi
		JC	Juli Capella
		JM	Jesús Martínez Clarà
		AS	Álvaro Sobrino

OG — El diseño es una de las profesiones que más a menudo se plantea su papel en la sociedad. Si uno revisa la posición del diseño a lo largo de su historia, en su origen fue para dar forma a los objetos que la incipiente sociedad industrial producía de forma sistematizada pero sin lenguaje propio. Más tarde la modernidad lo situó como un elemento de cambio social, pero con los años y la posmodernidad, ha acabado siendo poco más que un argumento de venta. ¿Por qué crees que es así?

CC — Voy a hacer un comentario de bar y se me hace raro pensar cómo puede salir impreso en un libro que le da una importancia que no tiene: en un momento de falta de valores cuando ya hemos abandonado el valor de la religión, también el de las castas sociales y, en cierto modo, incluso el valor de la política, que para bien o para mal eran referentes que la gente usaba para ubicarse, las marcas cogen protagonismo porque la gente necesita reconocerse en algo que vaya más allá de uno mismo. Es una forma de sentirse parte de un grupo, de una especie de club. Las grandes firmas de diseñadores de moda lo que venden más son perfumes con su marca, porque es el producto más económico al que puede acceder mucha gente que quiere pertenecer a ese grupo y de otra forma no podría.

OG — Y el actual momento económico, ¿no ha cambiado ese paradigma?

CC — Seguimos necesitando algún tipo de referencia para conocer el valor de lo que compramos. En los objetos de proximidad o artesanos entendemos el valor del trabajo bien hecho, de los materiales, etc., pero en un objeto industrial la única referencia que podemos tener es la marca, el autor y el precio de venta.

JC — La sostenibilidad es el desafío principal que se plantea a los diseñadores. El diseño es la clave para lograr la sostenibilidad. Aunque a menudo está asociado a los productos de lujo, el diseño desempeña una función fundamental al modelar los materiales del universo cotidiano. Todas las sillas están diseñadas, de la más cara a la más barata, alguien las ha diseñado en algún lugar del mundo. Me niego a aceptar la creencia de que el diseño pertenece a la gente rica y sofisticada. El diseño está al alcance de todos y puede preparar el camino para una vida mejor. Por supuesto, existe el diseño sofisticado que se asemeja más al arte, en forma de obras que todos podemos apreciar, pero es importante que el diseño se introduzca en la vida cotidiana de las personas. Un diseño de mejor calidad no equivale necesariamente a la producción de objetos caros, sino que también puede consistir en fabricar una serie de productos más baratos y respetuosos con el medio ambiente.

IC — En este momento se está desmontando el estado del bienestar. Eso es evidente. Pero no se sabe qué vendrá. De momento los que están parando el golpe son las ONG. Por eso es importante visualizar su trabajo como lo hace Curro.

AC — Las luchas obreras eran más fáciles cuando sabías quién era el jefe de la fábrica. Ahora es un conglomerado de comités, consejos de dirección y fondos de inversión que desdibujan contra quién estás luchando. La economía de lo tangible ya acabó. Ahora estamos en la economía de la ficción. El gran capital no es de ningún lugar. Las empresas, ¿de dónde son?, ¿dónde producen?, ¿dónde cotizan?

IC — Se puede argumentar que el activismo en diseño es una respuesta a ciertas condiciones contemporáneas de cambio geopolítico, a condiciones sociales, prácticas económicas y desafíos medioambientales. No obstante, hereda una rica historia que se remonta al origen mismo del diseño. Se plantean pues una serie de preguntas. Por ejemplo, ¿qué es distintivo del activismo en diseño hoy en día, en comparación con su expresión en los años 60 y 70, el período de la modernidad pionera de los años 20 o las intenciones de William Morris? ¿Hay o ha habido diferentes calidades de activismo en diseño en diferentes lugares, en función de cuestiones como la escala, el modo de intervención, los contextos de gobernanza y demás variables? ¿Cómo intentaron los diseñadores conciliar las ambiciones hacia el cambio social con los imperativos económicos? ¿Qué se puede aprender de la historia del diseño en los países no occidentales con respecto al activismo y el cambio social?

CC — A menudo las escuelas de diseño y sus estudiantes estaban monopolizados por figuras de éxito que trabajan para multinacionales. Diseñadores "famosos" que hacen cosas fabulosas para marcas. Y desde hace unos años ese no es el único modelo. Hay muchos alumnos que entienden que el diseño se ha de enmarcar en su realidad cotidiana. Y eso me parece muy esperanzador, ver que se planteen una manera menos *star* de situarse en el diseño. También saben que la fórmula del famoseo no da ninguna garantía de éxito. Pasan tantas cosas que ya no hay inercias concretas sino que te has de estructurar tú, tu propia escala de valores y tu manera de trabajar. Es más complejo pero es un reto interesante. Creo que sí hay una consciencia del momento. Aunque no sepan cómo salir de este atolladero.

OG— Con los cambios que se han producido y se están produciendo, ¿cuál es el papel que ha tenido y que podría tener el diseñador?

AC — En la Barcelona de los 80 había bares de diseño, era lo conocido, las estrellas. Pero al mismo tiempo, había un debate permanente en las escuelas de diseño y arquitectura sobre cómo cambiar la sociedad a través del diseño. Y ese debate llegó a las autoridades municipales y de ahí salió el diseño del espacio urbano, que ha creado escuela. Es la idea de dar servicio a la colectividad. La diferencia con Milán es que ellos van de lo doméstico a lo urbanístico pero nosotros en medio tenemos la vida colectiva, la calle.

CC — Ante el incierto panorama que les espera a los estudiantes y futuros diseñadores, y supongo a los miedos que puedan sentir algunos padres cuando un hijo les dice que quiere estudiar o hacer diseño, me parece importantísimo enfatizar el sentido y los contundentes argumentos que dan valor y esperanza a esa opción.

Existen tantas evidencias de que el mundo no puede seguir funcionando como hasta ahora, que sobre todo a ellos, a esos futuros profesionales, les va a tocar hacer las cosas de una manera muy diferente a como se han hecho. Han de inventar, probar y descubrir otras formas de ser diseñadores. Creo que mi generación es deudora todavía de una manera de hacer que no responde completamente a lo que está sucediendo y lo que estamos viviendo. Supongo que eso tiene mucho que ver con la sensación de que el mundo va en la dirección que quieren unos pocos. Las buenas noticias son que parte de ese cambio ya se empieza a percibir en la calle y en algunas escuelas de diseño y cada vez son más los que creen y trabajan para que las cosas vayan de otra manera.

En una ocasión el diseñador Enzo Mari ante una pregunta sobre qué podían hacer los jóvenes diseñadores respondió algo del tipo: "No penséis tanto en hacer más cosas bonitas para vender y en cambio pensad más en como debería ser ese mundo en el que os gustaría vivir".

IC — Siguiendo con la descorporeización, ahora se piensa en sistemas o en servicios como por ejemplo todo el movimiento *sharing*, en el que no se genera nada nuevo sino que se comparte lo que hay: casa, coche, herramientas, tiempo, etc. Otro campo es intentar evitar la llamada franja digital. Los diseñadores deberán trabajar para evitar esa fractura. El analfabetismo digital es un terreno importante donde trabajar.

CC — Ahí está el tema de los nuevos sistemas de fabricación 3D, que son como los nuevos artesanos, hacen objetos concretos para entornos y necesidades concretas. Pero no tengo especial fascinación por la tecnología como tal. Un cambio social puede ser mucho más potente que un cambio tecnológico. Tendría un mayor impacto ambiental y obviamente social que la gente compartiera coche a que los coches ahorraran en combustible. Hay un cambio de escala en la repercusión de esa nueva manera de usar el objeto que supera el propio objeto.

JM — Yo creo que estamos en un momento muy potente. Vuestra generación: Emiliana, Martín Azúa, Martí Guixé, tú mismo, es impresionante. Vosotros, como estáis muy cerca no lo veis, pero desde una cierta distancia, se percibe como un momento de gran relevancia. Similar a la eclosión de lo que se llamó el diseño catalán en los 60 y 70. Es como una especie de postpostmodernismo, eco-objetual, no sabría definirlo, aún, pero pasará a la historia.

OG — Sí es cierto que cuando nuestra generación sale de las escuelas, justo en el 93, se acaba la fiesta de finales de los 80 y la crisis obliga a buscar nuevos territorios donde operar.

JM — Exposiciones como *Cruzados*, que se hizo en el CCCB en el 2003, u *Offjetos*, que tú, Oscar, comisariaste, marcan un antes y un después. Que en realidad recoge también pensamiento de personajes como Bruce Mau. Es un diseño proactivo, que no espera el encargo sino que nace con la voluntad de contar cosas. Yo siempre digo que el cenicero Copenhage de André Ricard es magnífico pero surge como respuesta a una necesidad, pero vosotros con vuestros objetos os preguntáis si tiene sentido fumar. En el diseño moderno, la ética se basaba en que los objetos tuvieran un equilibrio entre forma y función, luego llegó la fiesta de la postmodernidad, el divertimento y ahora vosotros dais un paso adelante. Yo recuerdo que en el momento de la fiesta postmoderna yo caí atrapado, como muchos, por lo atractivo de poner en jaque los dogmas modernos. Pero ahora me parece que la contrapropuesta que vosotros hacéis es más filosófica. La idea de que puedes cambiar la vida de las personas con objetos, que es básicamente moderna, perdura en el trabajo de Curro, pero no tanto en el propio objeto sino en la memoria que este contiene. Y eso entra claramente en el campo de la ética. Es una provocación a la reflexión.

CC — Ahora somos conscientes de cosas de las que antes no lo éramos. Como el tema de la sostenibilidad, no es que antes no quisieran ser ecológicos, es que se desconocía el impacto de nuestras acciones sobre el entorno. Las distancias entre diferentes grupos sociales ahora son mucho menores, ya sea por los medios o por la densidad urbana, ya no puedes hacer como que no los ves. Ya no puedes esconderte. Tenemos información y eso implica responsabilidad.

JM — Vuestras propuestas pueden llegar a poner en crisis la idea de diseño, en un sentido. Es una reflexión permanente sobre las necesidades. Por ejemplo, el taburete, es la mínima expresión del hecho de sentarse. Puede llegar un momento en que alguien diga es que ni tan solo necesito esto, me sentaré sobre una piedra. Habéis reducido tanto los mínimos que puede llegar un momento en el que desaparezca la necesidad misma. Como aquel sabio que va con una pequeña escudilla de barro y que con eso tiene bastante hasta que ve a alguien bebiendo agua del río con las manos y entonces rompe la escudilla. Supongo que ese punto te conecta con la gente con quien has colaborado, que han vivido en la calle y saben qué es subsistir con lo mínimo. Quizás eso es lo que hace que se acerquen a ti con confianza. Hay algo en tu actitud que te acerca a ellos y puedes hacer, como tu pieza T300, de aglutinante de personas. Si este trabajo de Camper fuera una ocurrencia, no hubieras conseguido su complicidad. Ellos detectan algo en ti, llámalo honestidad o lo que quieras, que lo hace posible.

CC — En realidad me da la impresión de que ellos recogen la propuesta con ganas porque es una manera de sentirse dentro de la sociedad, no al margen. Hacen lo que hacen otros, en este caso crear una tienda que tiene un uso y que está dentro del "sistema". Las personas que acuden a estos centros necesitan sentirse dentro, porque han estado fuera y lo han sufrido. Siempre me ha quedado la duda de si el resultado estético es el que querrían o el que yo inconscientemente forcé. Igual ellos hubieran querido un mueble más "normal" como los que hay en las tiendas. Para alguien que ha estado en la calle es importante sentir parte de la "normalidad" de la sociedad.

OG — Volviendo al tema de las marcas, da la impresión de que hemos pasado por una época de omnipresencia de la marca casi llegando a la obscenidad. Los diseñadores asumieron y participaron de ese aquelarre consumista. Tal como dice Hal Foster en *Diseño y delito*: "En el preciso momento en que parecía que el lazo consumista no podía estrecharse más en su lógica narcisista, lo hizo: el diseño es cómplice de un circuito casi perfecto de producción y consumo, sin mucho margen de maniobra para nada más".

AS — Creo que, pese a todo, cada vez más estamos desarrollando mecanismos de defensa individuales. Quiero decir que, cada vez más, ponemos en tela de juicio lo que antes colaba sin más. Vivimos instalados en la sospecha, cosa que no me parece mal. Eso significa que cada vez a las marcas les va a salir más a cuenta hacer las cosas bien, que solo decir que las hace bien. Porque es más fácil pillarlos.

DB — Estoy de acuerdo y creo que va ir a más. Las redes han hecho que la gente reaccione en tiempo real a las decisiones o campañas de las empresas. Y la única forma de convencer a las empresas de que hagan las cosas bien, con sus trabajadores, con sus sistemas de producción, es demostrarles que es rentable. Atribuir una supuesta moral a las marcas es una quimera.

CC — El papel de las empresas en la sociedad creo que también hay que plantearlo. Quiero decir que deberán incorporar una mayor responsabilidad con sus trabajadores, con su entorno. Hay ejemplos que han demostrado que es posible y que se puede hacer producto competitivo incorporando temas sociales en el funcionamiento interno. No es una idea nueva, mejor enseñar a cultivar arroz que llevar sacos de arroz, lo dice la sabiduría popular. Si se trabaja en proyectos que luego funcionan solos, eso puede generar cambios.

OG — Es que no van a tener más remedio que tirar por el camino de la honestidad. Un tipo con un móvil conectado a una red social tiene tanto poder como antes lo podría tener un periódico, pero es mucho más difícil de controlar.

DB — Hay algo que sí ha cambiado y es que el viejo dicho de que hablen de mí aunque sea mal, es decir, conseguir notoriedad sea buena o mala, ya no funciona. Ahora, las marcas tienen miedo a los escándalos, porque la mala reputación les afecta.

AS — Es que ahora desde las redes y una propia red de contactos puedes desbaratar una acción promocional de una marca si hay razones evidentes. Y hay montones de ejemplos en los que los cambios son posibles. No son globales, son pequeños pero muestran un cambio de actitud de las empresas.

CC — A mí me interesa el papel de las marcas en el cambio de modelo social de un consumo expansivo y siempre creciente a un consumo más responsable, conteniendo el crecimiento o incluso decreciendo. Porque eso debería suceder nos guste o no.

DB — En ese sentido, los productos de proximidad están marcando el camino a seguir. Hacer un buen producto para un consumidor local, que genere suficiente beneficio para que tenga sentido sin necesidad de convertirse en una multinacional.

AS — Lo bueno de estas empresas pequeñas es que el reparto de las ganancias es mucho más distributivo.

DB — Además, estas empresas no cotizan en bolsa, con lo que no hay el que recoge beneficios, simplemente por ser inversor, sino que todos los que reciben es porque están realmente implicados en la empresa.

OG — En realidad, es un retorno a una economía productiva, aunque sea a pequeña escala y sin querer crecer. Porque el modelo de economía especulativa nos ha llevado hasta donde estamos.

JC — Desde una perspectiva económica, el diseño es una fuente de valor. Sin embargo, yo mantengo un enfoque humanista respecto al diseño y estoy convencido de que puede contribuir a crear un mundo mejor. Por medio del diseño, se pueden mejorar las condiciones de vida de las comunidades pobres alrededor del mundo, por ejemplo, al diseñar sistemas de abastecimiento de agua potable para las comunidades de África. Se pueden salvar vidas al diseñar sistemas de señalización de carretera que contribuyan a reducir el número de accidentes de circulación. También podemos diseñar sistemas de reciclaje que reduzcan los desechos y la polución. El diseño no consiste solamente en producir objetos; también conlleva la tarea de analizar y resolver problemas. El aspecto más importante del diseño es su capacidad de mejorar las vidas de las personas y la manera en que organizan el mundo material.

CC — Creo que si algo podemos hacer es transmitir estos valores a la nuevas generaciones. Ellos ya no están fascinados con la tecnología digital porque han crecido con ella y están pidiendo que les ayudemos a encontrar fórmulas para salir del lío en que nos hemos metido como sociedad.

OG — No siempre es fácil transmitir información en un entorno multimedia como es hoy un aula. El otro día leía sobre el concepto de la "economía de la atención". La simultaneidad de cosas se ha visto densificada por la capa digital. Puedes estar en un lugar y al mismo tiempo estar conectado con gente de otros lugares. Eso genera una experiencia múltiple pero más pobre en atención.

CC — Sí, es un cambio de paradigma. Cuando por ejemplo das clases, los alumnos pueden desconectar fácilmente abriendo su portátil. Alguien decía que, como profesor, si no eres capaz de captar la atención de los alumnos y generar dinámicas con ellos por encima de esos dispositivos móviles, es más un problema tuyo que del alumno. La relación entre alumno y profesor ha cambiado mucho. Eso ha traído un nuevo rol interesante aunque peligroso porque los alumnos están en edades complejas, les pasan muchas cosas y muy intensas.

JC — Actualmente son enormes las oportunidades de intercambiar ideas e información. Muchos diseñadores han estudiado en el extranjero y tienen amigos de numerosas procedencias culturales. Hoy en día los diseñadores forman parte asimismo de la generación de internet y no les cuesta nada mantenerse al corriente de las novedades que se producen en el mundo del diseño. Se han venido abajo todas las fronteras.

OG — Tú dedicas parte de tu tiempo a la formación. De hecho, nuestra generación se ha implicado mucho en las escuelas. Eso ha hecho posible una generación posterior que ha crecido en el diseño con otra mirada sobre la profesión. El panorama ha cambiado mucho desde que empezamos a dar clases, ¿cómo lo enfocas tú?

CC — Me interesa dar clases en formatos no tan reglados como obliga el Plan Bolonia. En los cursos de posgrado, por ejemplo, hay más libertad de acción y me siento más cómodo. Puedo ser flexible dependiendo de cómo veo que van funcionando las clases. El contacto con los estudiantes me interesa mucho. Lo importante es intentar "no vender nada". A veces los profesores tenemos la tentación de querer explicar "nuestra verdad" sin dar cabida a ninguna otra. Cuando pasan los años te das cuenta de que hay pocos profesores que realmente te han marcado, y más en nuestro ámbito, que hay miradas tan distintas. Intento que "mi realidad" que explico en clase tenga alguna conexión con "su realidad".

JC — Si a un estudiante le gusta un tipo de vida lujosa y

lujuriosa, que abandone inmediatamente el diseño. Dedicarse profesionalmente al diseño es parecido a una vocación religiosa, lo entregas todo. Por tanto, si su interés es ser famoso o rico, mejor dejarlo y dedicarse a político o a empresario, pero como diseñador lo tendrá muy difícil.

OG — ¿Puede ser que una generación de profesores preocupados por lo social, como Curro o como yo, hayamos puesto de moda entre los estudiantes esa tendencia?

CC — Una de las cosas positivas del momento que estamos viviendo es un cierto despertar de la conciencia hacia lo social. Como sucede con el buen diseño, cuando las cosas funcionan uno no se suele fijar en ello. Ante el desmantelamiento y deterioro progresivo de las prestaciones sociales del estado, una parte de la población parece no resignarse y empieza a tomar iniciativas, montar alternativas y probar cosas, entre todos o entre unos cuantos. El diseño, el arte, la arquitectura… o una parte de ellos también aparecen por ahí con ganas de implicarse y con ganas de llegar y estar con los que peor lo están pasando. Y de repente se habla más sobre ello. ¿Quién no va a estar de acuerdo? Queda bien. ¿Se hace con convencimiento o porque toca? ¿Cómo podemos saber que nuestras buenas intenciones no están también condicionadas por el momento? ¿Nos estamos aprovechando? Cuando se populariza algo, aunque haya motivos para ello, dudamos.

Todo se mezcla. Todo es motivo de sospecha.

André Ricard (Barcelona, 1929)
Figura imprescindible por su contribución a la promoción y el desarrollo del diseño industrial en España. Sus diseños, sencillos y funcionales, reflejan una búsqueda constante de lo que él denomina la "ética y estética de la utilidad".

Emiliana Design
Estudio fundado en 1996 por Ana Mir y Emili Padrós. Se centran en la experimentación con los materiales, objetos y espacios, y logran involucrar al usuario de manera participativa, sin olvidar nunca los aspectos funcionales, técnicos y productivos.

Martín Azúa (Vitoria, 1965)
Diseñador que concibe su área de trabajo como un valor intrínseco al objeto, no como un extra: el diseño necesita ser reflexivo y cuidado para su optimización. Sus objetos ya forman parte de colecciones importantes como la del MoMA de Nueva York.

Martí Guixé (Barcelona, 1964)
Trabaja entre Barcelona y Berlín. Autodefinido como exdiseñador, plantea una apertura total del rol del diseñador tradicional para aportar nuevas perspectivas y soluciones a la industria. Alejado de todo convencionalismo, trata de hallar las soluciones más adecuadas dentro o fuera de los parámetros establecidos.

Creuats/Cruzados/Crossed
Nuevos territorios del diseño de vanguardia. Exposición de 2003 que pretendía identificar una nueva cartografía del diseño, y, por ello, fijó su mirada tanto en el "campo de juego" (procesos, movimientos, estrategias, dispositivos) y el resultado (objetos) como en los protagonistas (autores).

Offjetos
Exposición de 2007 que parte del convencimiento de que el concepto del objeto, como tal, ha sido superado. Si algo quedó evidente en esta muestra es que la clásica definición del diseño había quedado obsoleta.

Bruce Mau (Canadá, 1959)
Diseñador integral de origen canadiense que trabaja en un contexto global con diferentes organizaciones de cultura, comercio, medios de comunicación y educación. A través del diseño considera que se pueden producir cambios, como se puede leer en su libro *Massive Change*. Además ha publicado otros dos libros imprescindibles *Life Style* y *X,M,L,XL,* este último en colaboración con el arquitecto Rem Koolhaas.

Hal Foster (Seattle, 1955)
Historiador y crítico de arte especializado en diseño y arquitectura. Entre otros, su libro *Diseño y delito*, parafraseando la consigna *Ornamento y delito* de Adolf Loos, arquitecto vienés de principios del siglo XX, aporta una mirada crítica a la historia del diseño vinculándola con los movimientos sociales, económicos y políticos.

Amor.
Diseño y empatía

CC	Curro Claret		AC	Anna Calvera
OG	Oscar Guayabero		IC	Isabel Campi
			JC	Juli Capella
			JM	Jesús Martínez Clarà

JM — Creo que el trabajo de Curro se define con tres patas. Actitud, método y un término poco usual en el diseño: amor. Es decir, hay metodología de diseño, seriedad en los procesos. Hay una actitud inicial que no es neutra sino conscientemente enfocada hacia un tipo de problemáticas y un respeto hacia aquellas realidades complejas a las que te acercas. Pero también hay amor. En el sentido de generar una relación afectiva con los que colaboras.

OG — Intuyo que lo básico es la empatía, tal como explica Jeremy Rifkin en *La civilización empática*. Curro consigue empatizar con quien tiene delante. Esa actitud tiene relación con el papel que tiene el diseño para él. Para Curro el diseño, e incluso el objeto, no es un fin en sí mismo, sino un medio para otra cosa. Eso no quiere decir que olvide el objeto. Al contrario, para que el objetivo final se pueda conseguir el objeto ha de funcionar. Pero ese tampoco es el fin. Puede que sea activar plataformas o personas, provocar discusiones en contextos autocomplacientes, dar trabajo, generar dinámicas de grupo, resituar el papel del autor, etc., pero lo que es seguro es que el diseño no es el objetivo sino la herramienta. Por eso los procesos son tan o más importantes que las piezas que vemos.

JC — En la exposición de *Bravos* la única pieza que nos robaron fue el jarrón Chapapote de Curro. Y es curioso porque era muy feo a conciencia. No pretendía gustar. A pesar de eso, alguien detectó que aquello valía la pena.

CC — Si alguien se ha sentido lo suficientemente atraído por la pieza como para robarla, me siento en parte bastante elogiado.

OG — Otro de tus trabajos que se llama *Por el amor de Dios* (fig. 32) y es un banco de iglesia que se convierte en camastro.

CC — La idea era recuperar el espíritu abierto que durante muchas épocas ha tenido la iglesia como edificio que ofrece protección. Suele ocurrir cuando se producen terremotos o grandes lluvias que la gente se refugia en las iglesias porque son construcciones sólidas. También en el Camino de Santiago, por ejemplo, las iglesias eran lugares abiertos las 24 horas del día para acoger a personas que por diferentes motivos han necesitado esporádicamente un lugar donde dormir. La idea surgió cuando algunos inmigrantes se encerraron en iglesias de Barcelona para reclamar sus derechos como personas. Pensé que era un buen lugar y que con un pequeño gesto los bancos podrían ser más cómodos para dormir.

AC — Los avances llegan cuando un grupo de personas lo suficientemente grande se pone de acuerdo para presionar hacia una dirección. Por ejemplo, después de la Segunda Guerra Mundial en Estados Unidos había una gran cantidad de personas con discapacidades por heridas de guerra. Lo que se conoce como *Design for All*, o diseño adaptado, surgió en ese contexto y como resonancia todo lo que tenía que ver con la antropometría y la ergonomía aplicada al mobiliario, al automóvil, etc. No fue un acto de bondad, simplemente surgió un nuevo sector de público que necesitaba objetos que no existían.

IC — Coincide con la Declaración de los Derechos Humanos. Cuando la sociedad ha dado pasos para asumir la diversidad funcional, al mismo tiempo se ha vuelto más humana, más fraternal para con todos los individuos.

OG — ¿Se podría hablar del amor a los demás como un motor de cambio social o estaríamos en el campo de la religión?

AC — Llámale amor, o simplemente sentido común. La sociedad va asumiendo los cambios por el método de hechos consumados. Cuando hay una realidad que no se puede ignorar y que es demasiado potente para ocultar o destruir, simplemente se asume, por supervivencia del colectivo.

IC — En sus teorías sobre el diseño de la periferia, Giu Bonsiepe no apela a la buena voluntad de los países centrales para ofrecer buen diseño a los países de la periferia sino que propone un empoderamiento de esas periferias para crear su propio diseño que responda a sus necesidades.

CC — Yo sí creo en el afecto como un motivo para hacer las cosas. No solo en el diseño, casi todo lo que hacemos, lo hacemos o deberíamos hacer por amor.

AC — John Ruskin y William Morris llegan a planteamientos que pueden parecer similares dentro de lo que se conoce como Arts & Crafts, pero Ruskin llegó desde el cristianismo y Morris desde el socialismo. Uno quería volver a una idílica Edad Media y el otro quería devolver la dignidad a los trabajadores. Aun así, los dos criticaron lo que llamaban las egoístas doctrinas de la escuela mancuniana e influyeron en los movimientos sociales de su época. Así que valoraban las ideologías en términos de afecto y generosidad o, por el contrario, de egoísmo y maldad.

OG — El diseño, como el arte, tiene un componente de gremio, un poco endogámico. Tú tienes un lugar muy curioso dentro del sector. Hay una idea generalizada de que te haces querer, apreciar. ¿Cultivas mucho las amistades del sector? Las inauguraciones suelen ser ceremonias más para el propio entorno que para el público general. ¿Eres habitual de este tipo de eventos? CC — Antes más. Pero sigo yendo porque hay una serie de gente que de otro modo no verías. Es como una excusa. Hay veces que ni entras a ver la exposición. Voy poco pero me gusta, porque se suele crear un buen ambiente, como que la gente no se siente culpable por perder el tiempo porque la excusa vale la pena. Te tomas una cerveza, hablas, los lugares suelen ser amables. Es agradable. Aunque a donde todavía me gusta más asistir es a conferencias, mesas redondas, etc. Primero porque es una forma de escuchar cosas interesantes, repensar y cuestionar tus ideas, pero, además, porque la cerveza de después suele ser muy rica, ya que la conferencia puede provocar que salgan temas curiosos. Cuando soy yo el que habla, esa parte de la postcharla es la que más me atrae. No entiendo cómo hay gente que va a una charla y luego sale pitando. Es como si se perdiesen la parte buena. Después de una conferencia no hay que comprometerse a nada más, por si aparece ese momento de charla informal. Eso suele ser lo mejor.

JC — Una de las grandes preguntas es: «¿de qué vive Curro?».

CC — Si tuviera coche, si tuviera una hipoteca, si tuviera hijos, etc., no podría mantenerme. Intento reducir mis gastos al mínimo, llevo mucha ropa que me han regalado, me aprovecho un poco de mi chica viviendo en su casa y mi día a día intenta ser lo menos costoso posible. Reduciendo el gasto, puedo limitar los ingresos.

OG — Ahora se ha puesto de moda el término cocreación para denominar procesos participativos de diseño. Tú trabajas con esa fórmula desde hace un tiempo. ¿Es posible controlar el ego del creador sin imponerse a los demás? ¿No será una coartada el uso de otras personas para crear algo con la etiqueta "democrático"?

CC — Básicamente la cosa va de mecanismos y metodologías que permitan a la gente participar en procesos de diseño. Eso tiene bastante que ver con la cooperación. Un ejemplo recurrente es cuando se diseña una nueva plaza pública y se invita a los vecinos a participar en el proyecto.

En ocasiones, sobre todo en el pasado, cuando se planteaba un proceso participativo, en el mejor de los casos, se preguntaba a la gente su opinión sobre cierta cuestión, en plan: escribe tus opiniones, quejas y demandas sobre tal cuestión y ya miraremos si podemos tenerlo en cuenta. Eso podría parecer una especie de participación, pero no era realmente un proceso de cocreación. Entiendo que lo interesante de la cocreación es la implicación de las personas en las discusiones y decisiones sobre lo que hacer, juntamente con los técnicos y especialistas del tema. La gracia es hacerlo entre todos desde el inicio.

Pero decidir cosas entre todos requiere de unas reglas y mecanismos que ayuden para que eso pueda funcionar y de alguien que sepa hacer que eso pueda llevarse a cabo adecuadamente. De entrada hay que preparar el terreno analizando y revisando la situación concreta a abordar. Y tener claro que intentar imaginar y expresar lo que uno necesita o desea puede resultar más difícil de lo que parece, por no decir que en muchas ocasiones es del todo imposible.

Igualmente, es importante entender los distintos roles de los participantes. Que una persona participe en un proceso de diseño no la convierte automáticamente en diseñador, o en especialista de la cuestión que se está tratando, de la misma manera que el hecho de que alguien se ponga a cantar no lo hace cantante. Por contra, el diseñador, o el arquitecto, también tiene que entender que en ocasiones hay ciertas decisiones de diseño que no solo las puede o debe tomar él.

Quizás todo esto nos pueda sonar mucho a lo que podría o debería ser un verdadero sistema político. A la hora de decidir, el consenso podría parecer el recurso más natural, pero realizado sin más también puede ser muy limitador y no siempre una garantía para generar los mejores resultados.

OG — El género humano parece moverse normalmente por lo ya conocido, lo experimentado, lo visto, y tiene ciertas dificultades para dar pasos hacia lo desconocido, aún reconociendo la existencia de argumentos que aconsejen hacerlo. Hay infinitos ejemplos donde el rechazo inicial hacia algo, tiempo después, se ha transformado en un apoyo incondicional. De haber dependido del respaldo mayoritario de la gente para llevarse a cabo, no hubieran salido adelante.

CC — Muchas veces me pregunto si no será precisamente en ese territorio de lo que todavía no existe donde el diseñador y el diseño pueden aportar más. Se podría llegar a decir que el diseño es una actitud, la de no tener miedo a hacer algo que no se había hecho antes. Por ejemplo, a vivir de otra manera más respetuosa y justa. El arquitecto Dani Freixes, tras muchos años como profesor de arquitectura, considera que su papel más importante con los estudiantes es sobre todo el de ayudarles "a no tener miedo".

Un planteamiento así se podría distorsionar y malinterpretar argumentando que esa manera de proceder comporta de por sí inevitablemente mayores riesgos y posibilidades de fracasos. Afortunadamente, cada vez más, el error y la equivocación son vistos como pasos necesarios en el aprendizaje y en el día a día de nuestra existencia. Algo que por supuesto no tiene nada que ver con la incompetencia o la negligencia.

Jeremy Rifkin (Denver, 1943)
Sociólogo, economista, escritor, orador, asesor político y activista estadounidense.
Rifkin investiga el impacto de los cambios científicos y tecnológicos en la economía,
la fuerza de trabajo, la sociedad y el medio ambiente.

Bravos
Exposición comisariada por Juli Capella que reúne el trabajo de 21 diseñadores
españoles con una amplia proyección internacional. Los trabajos seleccionados
pertenecen a las categorías de diseño industrial y de mobiliario. La muestra ha
viajado por diversas ciudades americanas y asiáticas.

Design for all
Término que define la intervención sobre entornos, productos y servicios con la
finalidad de que todas las personas, incluidas las generaciones futuras, independientemente de la edad, el género, las capacidades o el bagaje cultural, puedan disfrutar
participando en la construcción de nuestra sociedad, con igualdad de oportunidades
para participar en actividades económicas, sociales, culturales, de ocio y recreativas
y pudiendo acceder, utilizar y comprender cualquier parte del entorno con tanta
independencia como sea posible.

Gio Bonsiepe (Glücksburg, 1934)
Diseñador industrial, teórico y docente perteneciente a la Escuela de Ulm. Introdujo
la idea del diseño proyectual y del diseño de información. Sus teorías han sido muy
influyentes en el diseño latinoamericano, en particular las ideas sobre diseño desde
la periferia, que argumentan que el diseño se debe de hacer desde los mismos países
y en el contexto en el que se vive.

John Ruskin (Londres, 1819-1900).
Escritor, crítico de arte y sociólogo británico. Se rebeló contra el entumecimiento
estético y los perniciosos efectos sociales de la Revolución Industrial, formuló la
teoría de que el arte, esencialmente espiritual, alcanzó su cenit en el gótico de finales
de la Edad Media.

Dani Freixes (Barcelona, 1946)
A lo largo de más de tres décadas ha compaginado la docencia universitaria con la
labor profesional en los ámbitos de la arquitectura, el diseño de interiores, los monta-
jes efímeros, las implantaciones museográficas y el diseño de escenografías.

Camper.
Experiencia Barcelona-Madrid

CC   Curro Claret
OG   Oscar Guayabero

OG — Explica cómo surge el proyecto Camper.

CC — Ramón Úbeda había seguido el trabajo que estaba realizando con la fundación Arrels desde 2010, haciendo mobiliario en su taller con maderas reutilizadas recogidas de la calle. En cierto momento, en 2012 en concreto, nos propuso hacer el interiorismo de una de las tiendas de Camper en Barcelona con un espíritu similar.

La idea o la creencia con la que partió el proyecto era la de implicar a un grupo de personas que en el pasado habían estado en la calle en el proceso de diseño y construcción de los muebles de la tienda, pensando que podía ser una buena oportunidad para ayudarles en su proceso de "recuperación". La propuesta por parte de Camper suponía lógicamente un paso que iba más allá de lo que habíamos hecho hasta entonces. Implicaba mayores responsabilidades y desafíos por parte de las personas que participarían, así como de un mayor compromiso tratándose en este caso de una experiencia propiamente profesional. Teníamos claro desde el principio que solo ese trasfondo no podía ser suficiente y que el espacio debía funcionar y resultar atractivo en sí mismo.

OG — Uno de los aspectos más importantes ha sido el rol que podía tener cada una de las personas que ha participado, de modo que algo de la singularidad de cada uno de ellos pudiese salir y sumar.

CC — El proceso debía contagiar una especie de buena atmósfera y predisposición para que esas personas pudiesen participar de una manera natural, sin forzar, sintiéndose a gusto y dejándose ir, permitiendo a cada uno ir tan lejos como desease o fuese capaz de hacerlo. O mejor aún, yendo un poco más lejos de lo que hubiese creído inicialmente.

OG — Existe ya una trayectoria y diversas experiencias en distintos países y contextos con metodologías bastante definidas.

CC — En el caso de Camper, trabajando primero en Barcelona con Arrels Fundació y después en Madrid con la Fundación San Martín de Porres, de una manera más o menos programada, de hecho de una manera bastante espontánea, hemos explorado también distintas formas de implicar a los diferentes participantes en el diseño y la construcción de las dos tiendas. Utilizando el símil del juego, planteamos "unas reglas" de partida, que debían contemplar los requisitos que nos pedían desde Camper, básicamente aspectos relacionados con el funcionamiento habitual de una tienda y con la personalidad de la marca, y a partir de esas reglas tratamos de desarrollar el proyecto permitiendo el diálogo con la singularidad de cada uno de los participantes.

OG — La idea era que la tienda se hiciera entre todos y no solo por ti como diseñador.

CC — No se trataba solamente de hacer trabajar a esas personas para producir piezas de mobiliario. Se trataba de implicarlas en el proceso, de ofrecerles la posibilidad de participar y decidir sobre ciertos aspectos de su diseño, de hablar y discutir sobre lo que podía llegar a ser una tienda Camper. Probamos muchas cosas, algunas salieron y otras se quedaron por el camino.

OG — Prácticamente todos los elementos y materiales empleados son reutilizados.

CC — Maderas recogidas de la calle para hacer las patas de las mesas, antiguos carteles de Camper para forrar y repintar las paredes, cordones de zapatos descatalogados para confeccionar las cortinas o las pantallas de las lámparas, restos de pieles para forrar los asientos en el caso de Barcelona y uno de los antiguos mostradores de caja que ya no era necesario para la nueva tienda de Madrid, cortado y reconvertido en patas para los expositores.

También intentamos aprovechar las condiciones, características y habilidades de los participantes y de las instituciones en las que estaban. En Barcelona, por ejemplo, tuvimos la suerte de contar con Miguel Fuster, un excelente dibujante de historietas al que el alcohol, un desengaño amoroso, el incendio de su piso y la falta de trabajo le dejaron en la calle durante 15 años. Lo incorporamos al equipo de trabajo junto con José, Aurelio, Nicolai y Valerio y aprovechamos su talento para dibujar una serie de ilustraciones que recogen el proceso de construcción y están expuestas en la propia tienda.

OG — En Madrid encontrásteis a Mihai, un gran "copista" de cuadros al que habeis hecho otro encargo singular: "copiar al óleo" algunos carteles clásicos de la historia de Camper.

CC — Si, por ejemplo, nos hubiésemos encontrado con alguien hábil restaurando, digamos, la marquetería de madrazas marroquíes, entonces hubiésemos intentado aprovechar su habilidad para el proyecto. Otras habilidades más modestas por supuesto que también son consideradas. Por ejemplo, en el taller de Madrid confeccionaban unas alfombras a partir de bolas de fieltro hechas por ellos mismos. El resultado era interesante y decidimos utilizar esa técnica para revestir los bancos para probarse los zapatos.

No se trata pues de diseñar una tienda y después buscar quien la pueda llevar a cabo, sino lo contrario, que una vez hemos visto, junto con los responsables de las organizaciones respectivas, con qué personas se puede formar el equipo de trabajo, descubrir sus habilidades e intentar aplicarlas y potenciarlas para el proyecto.

OG — La reutilización de materiales es solo un medio, pero no es el fin.

CC — Son los recursos que hemos empleado para hacer estas tiendas porque son accesibles y válidos para este proyecto, pero no es la finalidad. El fin es que vivamos con otros valores. Detrás de ellas hay una historia bastante singular, la de un grupo especial de personas que han podido experimentar, aprender y vivir un proceso único de diseño.

Ojalá esto no quede aquí, ni sea una experiencia aislada, que haya otros como Camper que entiendan que no se trata de caridad, sino de explorar maneras de ofrecer a las personas desfavorecidas nuevas oportunidades de sentirse válidas y creativamente vivas.

Charla Fundación San Martín de Porres (Madrid)

CP	Claudia Potempa	F	Fredy
	(Responsable taller)	LM	Luis Miguel
JD	Juan Daniel Ugalde	M	Mihai
	(Trabajador social)	L	Luis

OG — ¿Cómo habéis vivido la experiencia de este experimento?

F — Mi experiencia ha sido un cambio. Yo creía que la artesanía no iba conmigo. De hecho yo vengo de hacer trabajo administrativo. Así que cuando nos plantearon colaborar en este proyecto tan manual, no lo vi claro. Lo que sí me pareció interesante era poder pensar entre todos algo que al final sería una realidad. Trabajar con personas que tampoco tenían experiencia ha sido muy bueno porque juntos hemos ido aprendiendo trucos y soluciones a partir de probar y equivocarse. Participar en un proyecto de por sí ya es bueno, independientemente del proyecto. Es una manera de estar ocupado y convivir con los demás.

CC — La idea era, a partir de un punto de partida, un encargo, detectar las posibilidades del centro y de su gente y ver hacia dónde podía evolucionar. Queríamos, desde la interpretación de los que participaban, explorar cómo desde allí pasaban cosas. Hay un trabajo que no es inmediato, se han hecho muchas pruebas y, a veces, hay que equivocarse para encontrar la solución. Es un proceso largo que no se ve al final pero que por sí solo ya es interesante.

L — Y superar la frustración. En el proceso hay momentos tensos. Hacíamos pruebas y nosotros mismos veíamos que no quedaban bien. Y claro, eso te deja frustrado. Hay momentos de querer abandonar.

CC — Quizás para los diseñadores es más habitual asumir

que los procesos llevan fracasos incluidos, que hay que probar, descartar caminos una vez probados, etc. Eso es lo que nos permite avanzar. Y en este caso ese rigor se ha trasladado al trabajo hecho aquí.

LM — Yo cuando vi lo que nos pedían pensé que no éramos capaces de hacerlo, pero a base de probar y de ir revisando las cosas con Curro, hemos ido viendo que sí podíamos. Si lo miras así todo de golpe, parece muy difícil pero si te concentras en cada parte, pues entonces va saliendo.

F — El trayecto ha sido para mí tan gratificante como el resultado. Cuando encontramos la solución de unir las bolas de lana de tres en tres y crear un tapiz desde ahí, estábamos muy contentos.

OG — ¿Y tu parte, Mihai? Porque tú pintabas cuadros antes y aquí lo que haces es copiar carteles de Camper.

M — Mi caso es un poco diferente. Yo ya me había dedicado a copiar cuadros. Así que lo que he hecho es aplicar lo que sabía al encargo, que era copiar carteles de publicidad. Para mí lo difícil es calcular el esfuerzo que pide cada pintura y llegar a tiempo. Yo hago lo que tengo que hacer. Yo no sé muy bien qué es eso del arte, yo solo copio. Trabajo para que le guste a la gente lo que hago.

OG — ¿Desde el centro cómo lo habéis vivido?

CP — Es la primera vez que hacemos una experiencia tan grande, que engloba la totalidad de un proyecto. Hemos hecho alguna producción de piezas pero nunca habíamos estado en la fase de diseño y de buscar sistemas para hacerlo realidad. Así que estábamos un poco impresionados, aterrados también un poquito, pero encantados.

JD — Nos ha servido para demostrarnos a nosotros mismos que somos capaces de asumir encargos más complejos. Para mí, lo más positivo es ver que, a pesar de las tensiones que ha habido, cuando se pasa el momento se pide disculpas y se perdona. Eso es muy valioso como manera de trabajar.

CC — Creo que ver cómo uno es capaz de superar un obstáculo y aplicar rigor al proceso a pesar del esfuerzo que requiere es muy gratificante. Además, como trabajamos con materiales de desecho, como trozos de madera de muebles encontrados, etc., existe el peligro de creer que todo es improvisar y que quede como quede estará bien. Descubrir que hasta eso necesita de un método y de una seriedad es importante. Y eso se ha hecho con los propios recursos del centro. No ha venido nadie de fuera a solucionar el problema sino que vosotros mismos lo habéis hecho.

OG — Y cuando la tienda esté acabada, ¿qué pensaréis?

LM — Cuando la tienda esté acabada pasaremos por delante y podremos decir: esto lo hemos hecho nosotros. Ahora que ya sabemos que podemos hacer cosas de este tipo a lo mejor hay más empresas que se animan.

M — Será un orgullo ver mis cuadros allí colgados.

F — Yo pienso en la alfombra que hemos hecho, ha salido todo de nuestras manos y eso va a estar ahí, la gente la verá y la usará. Es raro pensarlo pero me gusta.

LM — Antes de que llegara Curro, no habíamos trabajado con un diseñador. ¡Buf! Creo que yo no podría. Se pasan muchos nervios. Si haces cosas para ti es más fácil, haces lo que quieres y listo. Pero eso de que alguien te diga si está bien o mal es más complicado.

OG — Bueno eso es lo que tiene tener un cliente que al final te dice si lo que has hecho le sirve o no. Es como un cocinero, él puede probar nuevos platos pero serán los clientes los que le digan si esos platos funcionan.

CC —La propia Camper seguro que desarrolla muchos zapatos que al final no llegan a las tiendas.

OG — Y eso de trabajar para una marca que es más bien sofisticada, ¿qué os parece?

LM — Yo ni la conocía. No había ni oído hablar.

L — Yo tenía unas botas de esa marca y me duraron un montón. Mi hermano me las perdió.

M — A mí la marca me da igual, lo que me gusta es haber hecho algo entre todos que la gente podrá ver. Si a la gente le gusta para mí está bien.

JD — Para mí, trabajar con personas que vienen de orígenes y profesiones muy distantes a lo manual y ver la dedicación y la pasión que le ponen al tema es una alegría. Si estamos aquí es para recuperar la normalidad en sus vidas y ver que son capaces de esforzarse y no rendirse es una lección. Además el trabajo continuado implica rutina y es muy positivo ser capaces de comprometerse, no solo un rato o un día sino hasta que se acabe el trabajo.

Charla Arrels Fundació (Barcelona)

RN   Ramón Noró   V   Valerio
       (Responsable
       Incidència Social)
EC   Eduardo Cano
       (Taller "La Troballa")

CC — ¿Qué recuerdo os queda de la experiencia?

V — Creo que fue muy positivo. Por un lado porque participamos en todo el proceso de la tienda y no solo hicimos cosas que luego no sabes cómo acaban. Y aparte, el compañerismo del taller fue muy bueno.

CC — ¿Hay algo en especial que recuerdes?

V — La idea que tuvimos entre todos de hacer cortinas con los cordones de los zapatos. Pero lo mejor toda la parte del diseño y además que lo hicimos de forma colectiva.

CC — Ahora, con el tiempo, ¿qué cosas podríamos haber hecho de forma distinta? ¿Qué cosas te parecieron menos interesantes?

V — Vi menos interesantes aquellas cosas que ya existían, como las lámparas. Que al final no las pusimos.

CC — Eran las lámparas que tratamos de hacer reutilizando botellas de vidrio y al final no se colocaron al considerarse excesivamente delicadas.

V — Se rompían al manipularlas.

CC — ¿Qué opinas sobre trabajar con una empresa como Camper y qué piensas cuando ves la tienda?

V — Conocía Camper, sí. Como empresa que hacía zapatos artesanalmente. Como nosotros hicimos la tienda. Cuando paso por delante, pienso que ese tipo de interiorismo no es muy habitual. La gente se queda sorprendida de algo que hicimos nosotros por lo innovador que es. Los zapatos igual ya los conocen, lo que de verdad les sorprende es la tienda.

CC — ¿Qué es para ti el diseño?

V — Es un proyecto que luego se realiza. Es la parte que no se ve de las cosas que vemos.

RN — Nosotros, como entidad estamos muy satisfechos de la colaboración pero imagino que los que estuvisteis trabajando realmente en la tienda, que la hicisteis con los manos, aún debéis sentiros más satisfechos, ¿no?

EC — Habéis hecho cosas con las manos que sirven para proteger los pies.

V — La idea de la tienda es que diera buenas sensaciones, que nos parecía que es lo que transmitían los zapatos.

CC — Para mí, la tienda es una cosa muy modesta pero a la vez tiene una especie de valentía.

EC — La pieza que Curro diseñó es lo que hace posible todo el conjunto y es lo que la gente no ve. Era una pieza para juntar madera y resulta que también junta personas, que habéis trabajado juntos, junta una empresa como Camper, Arrels y a vosotros.

RN — Los tableros eran de una empresa de construcción. Es interesante, porque de servir para construir casas pasan a servir para construir o reconstruir personas que no tienen casa.

V — Es muy fuerte, porque yo cuando estuve en la calle había dormido muy cerca de esa tienda. Es una sensación muy curiosa. De estar en la calle he pasado a estar haciendo la tienda desde dentro.

EC — Ahora, cuando paso por las otras tiendas Camper me las miro. No puedo evitar comparar, todas son distintas pero todas son especiales y tienen algo en común: la calidad del proyecto. Y la nuestra no veo que se quede atrás. Desde Arrels estamos muy atentos a lo que les sucede a las personas que están en la calle. Intentamos ayudar por un lado y denunciar para reclamar los derechos constitucionales de las personas. Hay personas a las que sabemos que hemos de acompañar siempre, y luego hay personas que lo que tenemos que hacer es darles la oportunidad para que tiren adelante. En ese sentido, el proyecto de Camper abrió caminos, fue una ventana al mundo. Y ver las personas que estaban construyendo algo para el resto es muy esperanzador. La situación es la que es, pero hemos abierto una posibilidad que antes quizás no existía. La idea es continuar.

RN — Primero hicimos un curso en Arrels con Rocío, hace un tiempo. En aquel curso vimos posibilidades de tener un taller de madera y fuimos a Madrid a la Fundación San Martín de Porres porque tienen uno estupendo y para aprender de ellos. Al cabo del tiempo llega Curro con Camper y hacemos la tienda en ese mismo taller. Después nos dice que quieren repetir el proyecto en Madrid (fig. 45), nos pregunta con quién podrían colaborar y de repente se cierra el círculo porque evidentemente le enviamos a la Fundación San Martín de Porres.

Estamos en un entorno, en una ciudad y en una sociedad de consumo que es la que es. Y es en esa realidad en la que vivimos y en la que tenemos que encontrar nuestro lugar. Otra cosa es que haya empresas que hagan cosas éticamente dudosas. El tipo de negocio de Camper nos parece que tiene un cierto sentido y nuestra relación con ellos ha sido excelente. Se han acercado sin pretensiones. Y además ellos han hecho visible el proceso y eso es muy importante para nosotros. Para Arrels, toda la difusión de esta colaboración es una herramienta para poder dar la alarma de que hay gente en la calle, a nuestro lado, y al mismo tiempo lanzar el mensaje de que esa gente tiene valores y son capaces de hacer cosas interesantes. Pueden aportar cosas a la sociedad.

V — Las personas como yo, a veces nos sentimos rechazados. Cuando alguien te viene a buscar para hacer algo como esto, hace que seas consciente de tus habilidades y de lo que eres capaz de hacer.

RN — Curro ha sabido generar las condiciones para hacer posible lo que en principio parecía imposible. Su trabajo ha sido estar ahí llevando el proyecto a un buen puerto, pero sin ser protagonista.

CC — Creo que necesitamos conectar personas, situaciones, condiciones, etc. Cosas que son muy distintas pero que al conectarlas generan algo interesante. Arrels no es otra cosa que un lugar de encuentro, de conexión.

EC — Yo pienso en los compradores de Camper. Habrá muchos que entrarán por los zapatos y ya está y es legítimo, pero habrá otros que verán que en esa tienda pasan cosas más allá de los zapatos. En esa tienda hay una calidez que es perceptible y es el trabajo que hay detrás.

RN — Y si no lo ven también está bien, porque quiere decir que somos capaces de hacer un producto tan bueno como cualquier otra persona o profesional y eso tiene mucho valor. Me gusta que la tienda funcione, independientemente de que detrás haya un proyecto social. La idea es poder competir de tú a tú con otros proyectos, no esgrimir lo social como una coartada.

CRONOLOGÍA DE PROYECTOS

01. Caja pizarra, 1996 (foto Eduard Puertas)

02. Christmas, 1997 (foto Eduard Puertas)

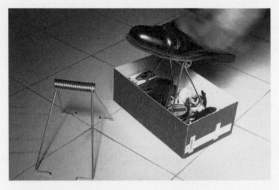

03. Zapatero, 1997 Galería Opos, Milán
(foto Xavier Padrós)

04. Aplique para lámpara Starck, 1997

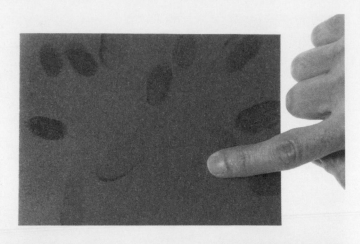

05. Postal digital, 1998 (foto Xavier Padrós)
Postal realizada con papel sensible que recoge las huellas de todos los que la tocan (funcionarios de correos, el cartero, la portera...) durante el recorrido hasta su destinatario.

06. Camisetas juego, 1998 Cha Chá (foto Xavier Padrós)

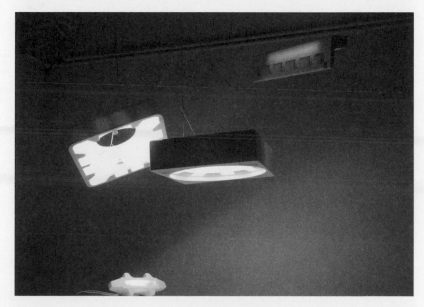

07. Lámparas de porexpan, 1999 (foto Xavier Padrós)
Realizadas reutilizando protecciones de *packaging*.

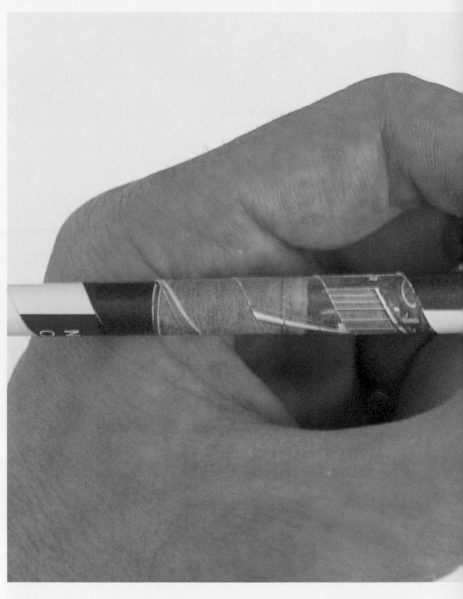

08. Boli papel, 1999 (foto Xavier Padrós)

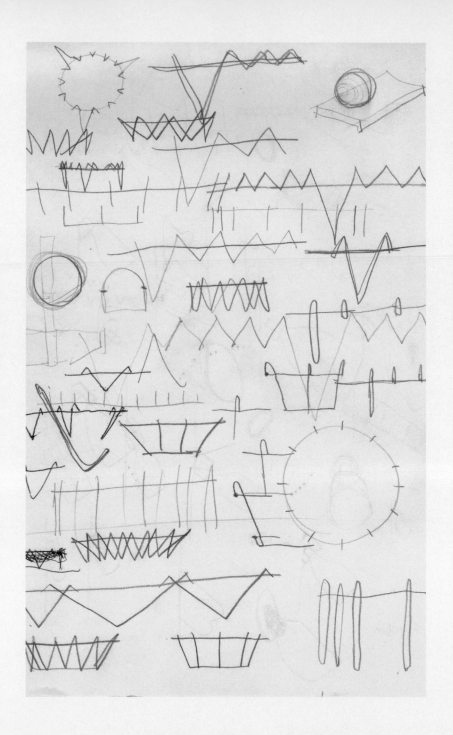

09. Frutero malla, 1999 Galería h2o (foto Xavier Padrós)

10. Immigrant chance,
2001 Galería Opos, Milán
(dibujos de Jaqueline
Molnár)
Juego para explicar a
los niños (y a los adultos)
lo que supone para
un immigrante recién
llegado a una ciudad
occidental sobrevivir
en ella.

11. Velas botella, diseñadas con Nathalie Danton, 2001

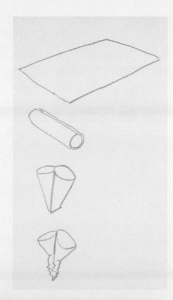

12. Paperina para castañas, 2001 (foto Eduard Puertas)
Con doble recipiente, uno para las castañas y el otro para sus cáscaras.

13. Lámpara gorra, 2002 Cha Chá (foto Xavier Padrós)

14. Separador para bolsas de basura, 2002 (foto Eduard Puertas)
Guía móvil para sujetar diferentes bolsas para reciclar papeles, plástico, vidrio...

15. Acción en Apip, 2003 Ayuntamiento de Barcelona/FAD, (foto Max Young)
Evento que consistió en dar un poco de alegría y visibilidad al centro Apip
de reinserción laboral a través del color durante una noche.

16. Love is in the air, 2003 Escola Superior de Disseny Elisava
Zona de descanso efímera en la entrada de Elisava, realizada con
la ayuda de algunos estudiantes de la escuela. Tras su desmontaje,
los inflables fueron regalados a varios centros de niños del barrio.

17. Cajonera cartela, 2003 (foto Xavier Padrós)
Cartelas metálicas para sujetar cajas que guardan cosas.

114

18. Mesa migas, 2003 (foto Xavier Padrós)
Al cortar el pan las migas caen a un embudo y luego a
una manguera que las lleva a un recipiente al exterior
de la casa para los pájaros libres.

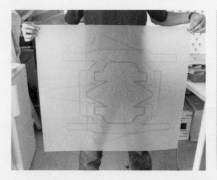 

19. Contenedores de cartón, 2003 (fotos Eduard Puertas)
Plantilla de plástico con tres patrones para hacer contenedores de CD,
bandejas de papeles y archivadores con cartón reutilizado.

20. Regaderas, 2003

21. Taxi compartido, 2003 COAC Barcelona, exposición *Terapias Urbanas*
Al subir el primer cliente se indica en una pantalla situada sobre el taxi la
dirección a la que va y las plazas disponibles, de modo que la persona que
vaya en la misma dirección y lo desee, pueda subir y pagar en proporción
al trayecto efectuado.

22. Gel pesa, 2003
Envase de gel en forma de pesa que permite hacer ejercicio mientras
se está en la ducha. Una vez el gel ya se ha acabado se puede reutilizar
como pesa llenándolo de agua, tierra, cemento...

23. Carrito abuelas, 2005
Kit para añadir al bastón de los abuelos que permite acoplarse
al carro de la compra para poder llevarlo entre dos.

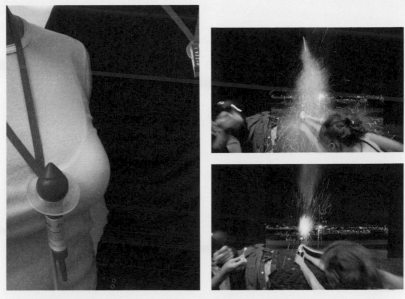

24. Medallas Adi, 2005 (fotos cohete despegando, Xavier Padrós)
Trofeo para premiar el mejor proyecto fin de carrera de estudiantes de diseño
industrial en España. La medalla grande con el cohete es para el estudiante
y la pequeña con las cerillas es para el tutor del proyecto.

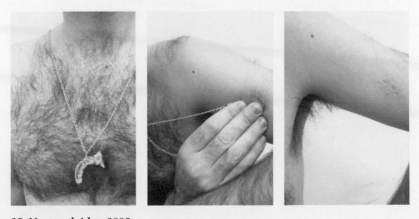

25. No me olvides, 2005
Joya de compromiso realizada tomando una copia de un fragmento
de la dentadura de la persona querida.

26. Pica agua, 2005 (foto Xavier Padrós)
Encargo de una empresa de baño que finalmente no se realizó.
La pica está constituida por un balde suelto sin desague y una bandeja inferior.
El usuario puede reutilizar el agua sobrante para otros usos como rellenar
la cisterna del retrete, lavar el perro o regar las plantas.

27. Trofeo caca, 2003 Mostra de Teatre de Barcelona
Diseñado para unos premios de teatro a partir del dicho "mucha mierda"
que tienen los actores antes de salir a escena para desearse suerte.

28. Floreros de chapapote, 2006 (fotos Xavier Padrós)
Realizado con chapapote (restos de petróleo) recogido en las costas de Galicia
tras el accidente del petrolero *Prestige*.

29. Jardineras, 2007 Departament Medi Ambient Generalitat de Catalunya y Zicla.

30. Biombo colgador Amalia, 2008 MOOA,
diseñado con Gaspar González (foto Eva González)

31. Separador de bicis, 2008 Zicla (fotos Carlos Luna y Clara Balmanya)
Pieza de PVC reciclado para separar el carril bici del carril de coches.
Cada pieza tiene seis muescas para pintura reflectante. Obtuvo el 1er Premio
Disseny per al Reciclatge 2009, de la Agencia de Residuos de Catalunya,
y el 2o Premio en el Best Recicled Product 2011 (European Association of
Plastics Recycling and Recovery Organisations).

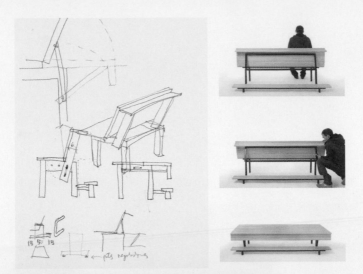

32. Banco de iglesia "Por el amor de Dios",
2010 Barcelona (foto Xavier Padrós)

DISEÑO PARA UN MUNDO MEJOR

Texto de Gustav Schörghofer SJ
Jesuita, sacerdote y pastor para artistas de Viena.

El diseñador español Curro Claret ha creado un banco de iglesia cuyo respaldo puede abatirse con poco esfuerzo. De esta forma, el mueble tradicionalmente destinado para sentarse y arrodillarse servirá también para dormir. La superficie plana tiene aproximadamente el tamaño de una cama. Sobre ella se puede descansar; quizás no con la mayor comodidad, pero por lo menos en un lugar seco y de madera. Este banco no se ha diseñado por encargo de una iglesia o una comunidad de creyentes, sino para subrayar una necesidad y reinvindicar una responsabilidad tradicional. Desde este punto de vista, el diseño no solo sirve para crear artículos bonitos y atractivos, sino también para marcar un punto de inflexión en un contexto social complejo. En este caso, se llama la atención sobre el hecho de que hay personas sin hogar, que viven en la calle y no se benefician de la protección de la red de servicios sociales ante las cuales existe una responsabilidad. En nuestra sociedad son sobre todo las iglesias cristianas las que deben percibir esta responsabilidad, ya que, desde sus orígenes, la Iglesia ha dedicado especial atención a preocuparse por los pobres y vulnerables. Hoy se habla de "opciones para los pobres".
Tradicionalmente las iglesias eran lugares de refugio y protección donde los peregrinos podían pasar la noche. Hoy son los solicitantes de asilo y los refugiados quienes encuentran en ellas un alojamiento temporal. Hace ya más de un año, un grupo se refugió durante unas semanas en la Iglesia Votiva de Viena, y se vieron obligados a dormir en el suelo. El banco de Curro Claret se hubiese podido transformar fácilmente en cama.

Hoy muchas iglesias se cierran por miedo a los robos y al vandalismo. O bien nos encontramos con el portal de la iglesia cerrado, o bien hay una reja que impide el acceso al interior. Este bonito y amplio espacio se hace inaccesible y se queda vacío. Una iglesia cerrada es una iglesia vacía, y una iglesia vacía es una iglesia muerta. Incluso teniendo en cuenta el riesgo de que no todo permanezca en su sitio y de que puedan producirse algunos daños, una iglesia debe estar abierta. Una iglesia solo tiene vida si está abierta y ofrece a los que entran un lugar de tranquilidad, descanso y protección. Aquí todos son bienvenidos. Aquí todos pueden quedarse. De aquí no se expulsa a nadie. Aquí se presta atención a todos. Esto también se manifiesta a través del diseño y la belleza del espacio y los objetos allí presentes. Y aquí también se necesita el diseño.

El diseño de los objetos puede contribuir a mejorar el mundo. El arte del diseño puede hacer que el mundo sea mejor. Pero no creando un mundo de objetos bonitos, separado de todo lo que no es bonito. El diseño puede crear objetos que no solo funcionan, sino que, más allá de su utilidad, mantienen la mirada atenta a lo que no se ve, lo desplazado, lo marginado. Esto es justo lo que hace el banco de Curro Claret. Funciona, es bonito y se ha creado con esmero. Pero, además, con su funcionamiento y su cuidado diseño mantiene viva nuestra memoria, para que no olvidemos que hay personas marginadas y sin hogar que buscan protección. La posibilidad de convertir un banco de iglesia en una cama deja claro que estas personas tienen un lugar. Aquí, mejorar el mundo significa que ante la necesidad se mantendrá abierta una puerta hacia la libertad. Incluso cuando parece que no hay esperanza, existen nuevos caminos, nuevas posibilidades. El arte puede hacer que estas posibilidades sean perceptibles. Y el diseño es arte.

En 2012, para la exposición colectiva *The cuckoo syndrome* comisariada por Uli
Marchsteiner en el Kunstraum Niederoesterreich de Viena se hizo una nueva
versión del banco realizada completamente en madera, en el taller de Joan Soler
y Niall O'flynn. Tras la exposición en la galería Lower Austria Contemporary
el banco quedó colocado permanentemente en una capilla de la iglesia barroca
Jesuitenkirche de la misma ciudad (foto Wolfgang Woessner).

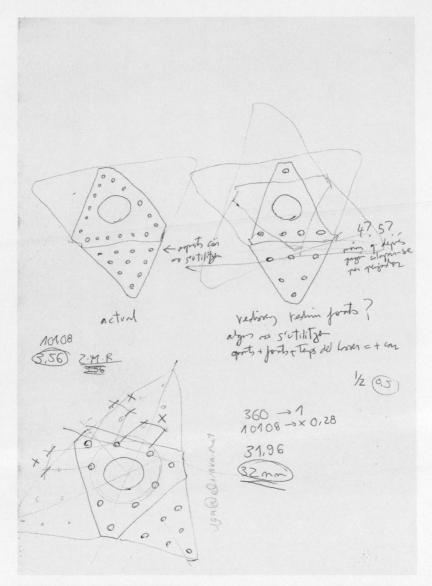

33. Croquis para "La pieza" T300

La pieza está realizada con una máquina de corte láser, es una tecnología fácilmente accesible y económica para pequeñas series. Cualquier organización que lo solicite puede acceder gratuitamente a los planos para realizar su producción siempre y cuando los muebles sean realizados por colectivos más o menos marginados, excluidos socialmente o no, que vean en la propuesta una vía que les pueda ayudar en su situación.

34. Mobiliario, 2010 (fotos Juan Lemus)

35. Exposición en la Galería Estrany de la Mota, 2011 (foto Juan Lemus)

36. Contenedor de pilas usadas,
2010 Balvi

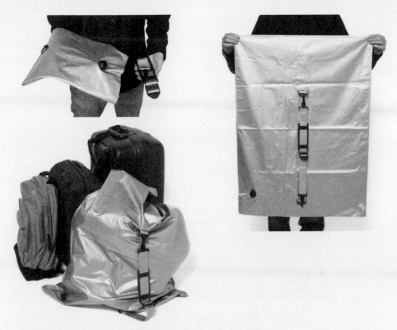

37. Bolsa basura de viaje, 2011 (fotos Xavier Padrós)
Para llevarla de viaje a lugares sin infraestructura para gestionar adecuadamente los residuos. La bolsa recoge los residuos que el visitante genera para llevarlos de vuelta a su país de origen.

38. Piedras de Hecho, 2011 Jacobeo in progress, Gobierno de Aragón
A cuatro aficionados a tallar madera del pueblo aragonés de Hecho se les dió una piedra del río que pasa por el pueblo y se les pidió que tallaran una copia de madera lo más fielmente posible. Se pusieron a la venta en un colmado de la plaza central.

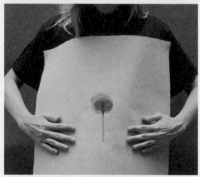

39. La mascotte de la cuisine, 2011/2012
Centre d'Art et de Design, Negrepelisse, Francia
(foto de Yohann Gozard y Carlos Luna)

40. Zona intermèdia. Disseny, art i societat, 2012 ACVIC (foto Juan Lemus)
Comisariado de una exposición de proyectos que desde el diseño abordan
diversas cuestiones sobre la vida en sociedad desde unos parámetros diferentes
"a los habituales".

41. Tienda Camper en Barcelona, 2012 (fotos Juan Lemus, Sánchez y Montoro)

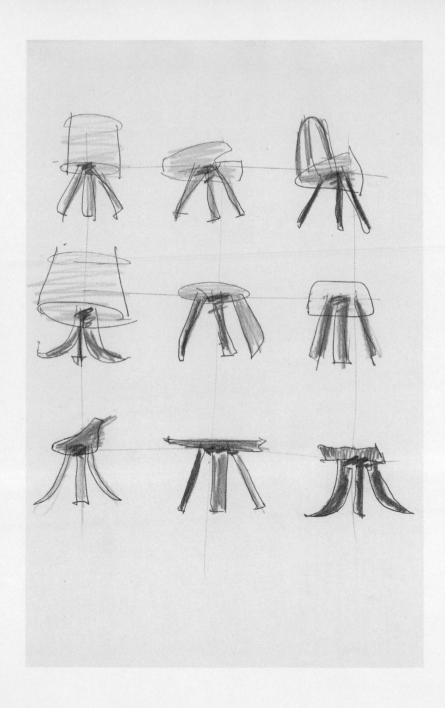

140

Tienda Camper en Barcelona realizada con Arrels Fundació.

Documental de la realización de la tienda Camper en Barcelona
http://vimeo.com/50443965

42. Acción para Fundación Ramón Noguera, 2013
Píldoras Creativas, con Mar Serinya

43. Motos Paco, 2013 Ayuntamienteo de Irún y Conexiones Improbables,
con Abene Usabiaga
Concurso popular para estimular el uso de motos Yamaha distribuidas
por la tienda Motos Paco de Irún. Al ganador se le dejaba una moto
gratis durante un mes para usarla con algún fin social (además de para
el día a día). Desgraciadamente el concurso no se pudo llevar a cabo ante
la falta de participantes.

144

44. More than this, 2014
Sala Vinçon (fotos Juan Lemus)
Colección de sillas hechas con una nueva pieza complementaria de la T300 que permite construir respaldos. Algunas se han realizado con Arrels Fundació y otras con personas de orígenes, condiciones y contextos muy diferentes: con Careli, una mujer que trabaja en el servicio de limpieza doméstica; con vendedores ambulantes de copias de bolsos de marca; con recolectores callejeros de metal; con Claudia, una trabajadora sexual; con un mecánico del taller de coches Careta; con un *skate* abandonado justo al rompérsele a su propietario; o con un bombero que ha usado madera de un bosque quemado, entre otros.

145

45. Tienda Camper en Madrid, 2014 (foto Sánchez y Montoro)
Realizada con la Fundación San Martín de Porres.

USE ZAPATOS.
ES MAS COMODO.

Mihai "copiando" al óleo algunos carteles históricos
de Camper para la tienda de Madrid.

46. La primera edición del libro se realizó para Camper y se presentó durante la inauguración de la tienda de Madrid (foto Marian Venceslá). Unos meses después se imprimió una edición especial de 50 ejemplares para Palo Alto Market.

47. Presentación del proyecto Shoelaces en Palo Alto Market, 2014 (fotos Sánchez y Montoro)

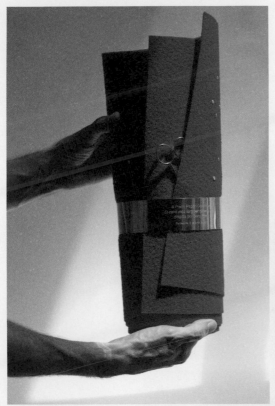

48. Premio Pepón Coromina, 2015
(fotos Juan Lemus)
Acadèmia del Cinema Català.

49. Thriller collection, one year jewellery, 2015
Ediciones Originales (fotos Juan Lemus)
Son joyas que uno tiene durante solo un año.
Después se las pasa a otro, grabando la fecha
límite antes de la cual esa persona debe volverlas
a pasar a otra. Y así sucesivamente.

50. Shoelaces, 2015
(fotos Eugeni Aguiló y Juan Lemus)
Colección de lámparas para Metalarte,
fruto del proyecto iniciado con las
tiendas Camper. Realizadas en el taller
"La Troballa" de Arrels Fundació.

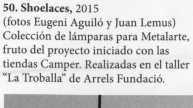